AF188724

Rolf Friedrich Schuett

Man leidet unter Besseren wie unter Böseren

Scheitern macht auch nicht gescheiter

Rolf Friedrich Schuett

Man leidet unter Besseren wie unter Böseren

Scheitern macht auch nicht gescheiter

Books on Demand

Bibliographische Information Der Deutschen Bibliothek:
Die Deutsche Bibliothek verzeichnet diese Publikation
in der Deutschen Nationalbibliographie; detaillierte
bibliographische Daten sind im Internet abrufbar über
http:// dnb.ddb.de

Copyright © 2018 Rolf Friedrich Schuett

Herstellung und Verlag :
BoD – Books on Demand, Norderstedt

Gedruckt auf alterungsbeständigem Papier
(holz- und säurefrei)

Umschlaggestaltung : E. L. Schmidt

Printed in Germany

ISBN 978-3-7481-0790-3

INHALT

Für Elke

Spitzbuben und Windbeutel,
Possenreißer und *Spökenkieker* : Go in Pieces!

„Wenn Gott keinen Spaß verstünde,
möchte ich nicht im Himmel sein." *(Martin Luther)*

Werdet wenigstens altersleise!

Hohes Alter hat jedes Alter zugleich.

Wirf das Handtuch
in den Ring! Es kämpft für dich.

Muss die dumme Kuh vom Eis, auf das
der Esel geht, wenn es ihm zu gut geht?

Justitia gesteht zu recht jedem das Recht zu,
Unrecht nicht zu gestehen.

Gott existiert, da das Wesen der Welt logisch ist. − Satan existiert, da *das* nicht logisch ist.

Legt Überlegungen nie über aufgedeckte Dinge! Das Kopfherz macht keinen Scherz über deinen Schmerz, sondern ihn zum Scherz für dich.

Ein Begriff flieht sein Objekt,
das ihm noch schneller entflieht.

Thales und die Magd. Theorie *findet* lächerlich, was Praxis lächerlich *macht*, und umgekehrt.

Lächerliches ist Hässliches, das man nicht hasst

Vom idealen Platon zum materialistischen AKW, vom atomistischen Demokrit zum demokratischen Esprit (KI) : Europa.

X-mal Tugendwerte anzupreisen, ist wertloser,
als einmal die Ladenpreise zu bewerten.

Ist dein Vaterhaus ein Ausland,
ist dein Vaterland das Weltall.

Ist es traurig oder lachhaft,
dass alles zum Lachen oder zum Weinen ist?

Ist ein Ding der Unmöglichkeit jenseits unserer
Gedanken ein bloßer Gedanke oder zugleich
ein Unding an sich?

Es wird philosophiert, weil es sich nicht lohnt,
aber es lohnt nicht, keine Philosophie zu treiben

Tyrannen könn(t)en ungestraft spottende Völker
leichter regieren.

Die Natur ist nicht geistreich, der Geist ist nicht
natürlich : Die Naturgeister haben eine Geister-
natur und sind ihre leiblichen Geisteskinder.

Du : Das Ichts des Wichts im Nichts des Lichts.

Demokrit dachte und lachte Tränen,
Heraklit meinte und weinte Tränen,
Platon trante oft lachhaft,
und Kant lachte sich gesund.

Das Unglück der Erde
liegt nicht auf dem Rücken der Steckenpferde.

Man gibt sich jemandem hin
und wirft sich an etwas weg.

Stolz : Demut der Arroganz.

Gewitterblitze : Geistesblitze, die den Himmel erleuchten und in keinen Baum der Erkenntnis einschlagen.

Abrüstung : Entrüstung über jene, die ihre ABC-Waffen nicht durch Keulen ersetzen.

Heisst Zeit, dass auch die Ewigkeiten des Wechsels immer wieder wechseln?

Wer länger mit der biblischen Theorie arbeitet, erkennt bald, dass sie fruchtbarer ist als ihr Ruf bei den verwahrlosten Wahrheiten heute.

Erektion : Aufrichtigkeit im horizontalen Gewerbe.

Konsens : Nonsens als Diskursverweigerung.

Demokratien sind Diktaturen,
deren Wahlergebnisse nicht vorher feststehen.

Egotrip : Ich gehe in mich, nicht fremd,
und kann und weiß mehr als vergötterte Diven.

Wer nicht an seine Kindheit und sein Alter
denkt, wirkt erwachsen.

Existenzkampf um die Habe
ist Besitzstreit um das Sein.

Schnellbremsungen sind keine
langsamen Beschleunigungen.

Wer Diebe bestiehlt und Rauber beraubt,
ist noch kein Polizist oder Finanzamt.

Zeit : ewiger Wechsel der Ewigkeiten :
Man flieht vor seinen Werken in die Zukunft.

Meine Energien treten auf in diskreten Quanten
und meine „Quanten" in indiskreten Schuhen.

Vogel am Boden, Schnecke am Himmel :
Der Mensch fliegt, aber immer raus.

Jeder ist Mittelpunkt aller Dinge,
in deren Mittelpunkt er ist.

Kosmopolit : Weltstreicher.

Die schlimmsten Verfehlungen gegen
Empfehlenswertes sind nie fehlende Befehle,
sondern niefehlende Denkfehler.

Verführte Platon Jünglinge, um sie zur Philosophie zu führen, oder philosophierte Sokrates mit ihnen, um sie ins Bett zu kriegen?

Wer dich begnadigt, verurteilt deine Opfer.

Theorie : Falsifizierbar Formuliertes bleibt im Rennen, bis es unwidersprechbar widerlegt ist.

Hinterzogene Steuern stecken eher
in Hochsee-Yachten als legale in Hochkulturen.

Dinge existieren nicht einfach zu uns hin, sondern vor sich hin, ihre Selbstdarbietungen von uns hervorgerufen.

Ich *animal irrationale* fühl mich vernünftig geborgen in der vernunftfreien Welt.

Pataphysiker lachen sich krank, tot oder aus

Die Masse vermasselt jeden Einzelnen einzeln.

Verwirf dich, Christ, als schlecht, doch gut
genug zum Fundament, Werkzeug und Material
für stolze Gedankengebäude.

Sehnsucht ist eine (durch Gesprächstherapie
und Entzugserscheinungen nur verstärkbare)
Sucht nach lebenslangem Verlangen nach Un-
erlangbarem. Spannt die Sehnen : Es langt nie!

Amantes amentes. Der Aphoristiker
ist als Philosoph nur *häppchen*weise.

Sprecht keinen Christen mehr vertrauensselig!

Der Kopf hat den Witz, den er nicht macht,
sein Gegner macht den Witz, der er ist.

Es kostet Mühe, um zwischen Ähnlichem die
Ähnlichkeit zu sehen, doch Witz, um sie zwischen unähnlichen, ja, gegensätzlichen Dingen
zu erfassen.

„Spaziergangsphilosophie". Freud analysierte
um 1905 den Witz, den man nach 1900
in Träumen und seiner „Traumdeutung"
nicht entdecken konnte und wollte.

Der Traum ist ein Nachtwitz, der Witz ein Tag-
traum, Freuds „Traumdeutung" der Tageswitz.

Wer machte, der dachte nicht,
wer lachte, der dachte nur nach,
da er Lächerliches nie verstand.
(Wer macht wen denn straffällig,
um ihn ausweisen zu können?)

Der Aphoristiker nimmt seine Leser
in freie (SC)HERZHAFT.

Der Philosoph sucht Weisheit, der Aphoristiker
findet Witz, und der Forscher erfindet Wissen.

Lachen überspringt bei Kant die Kluft zwischen
Leib und Seele, apriori und aposteriori.

Lachen platzt heraus, da plötzlich
Schein vorm Sein in Nichts zergeht.

Kant machte den Witz, dass durch Witz
der Geist den Leib heilt ohne Nebenwirkung:
Witz mache auch geistige Nahrung verdaulich.

Ich werde dement, ich kann mich an nichts
mehr erinnern, das nie passiert ist.

Gewitztes *Verähnlichungsvermögen* (Kant)
sieht nicht nur Gleiches im Ungleichen, sondern
macht und lacht zugleich Ungleiches gleich.

Vertrauen ist gut – zur Bequemlichkeit.
Vertrauen auf Kontrolleure macht misstrauisch:
Man traut der Vertrauensseligkeit zu viel zu.

Angetraute trauen sich, einander zu vertrauen
und alles anzuvertrauen. Enttäuschtes Vertrauen
führt zu seinem vertrauten Missbrauch.

Vertraut man dem Kopf (Bauchgefühl),
verliert der Bauch (Kopf) die Kontrolle.

Vom „Baum" zum Baum braucht es länger als
von Baum zu Baum und zu „Baum", aber vom
„Baum" zur „Axt" ist es weiter als von der Axt
zum Baum.

Misstraut zu viel Selbstvertrauen
nur dem Gottvertrauen?

Wen Aufklärung unmündig macht,
weil er vom Geld statt von Gott abhängig wird,
der muss seine Aufklärer aufklaren.

Was Objekte begrifflich verbindet, verbindet
auch Begriffe von ihnen, doch was Objekte
voneinander trennt, trennt sie auch von ihren
Begriffen und ihre Begriffe voneinander.

Gegen Rationalisierung hilft weniger Religion
oder Kunst, als mehr Verstand in die Vernunft
zu bringen.

Paria oder Parvenu. Man beutet keine Arbeits-
sklaven mehr aus, sondern ihre Befreiung selbst
und macht Arbeit und Handeln zum *Neg-otium.*

In Haikus besiegt jede Spinne dein Naturell
natürlich nur durch deine Spinnereien selbst.

Schlechtes tun heisst nur Falsches denken.

Jedes Lebewesen wird in sein Leben geboren
und stirbt in sein Wesen.

Sozialrevolutionäre gehen aus Mitleid mit euch
über unsere Leichen.

Ich bin nicht, was mein Leben ist,
und auch nicht, was mein Leben nicht ist.

Stimmst du mit Realem und dir selbst überein,
wird Wahrhaftigkeit zur Wahrheit und
umgekehrt : Gewissheit mit gutem Gewissen.

Lebenslanger Todeskampf tötet,
während Existenzkampf belebt.

Wissenschaft soll dein Leben erleichtern.
Musst du weiter schuften, widerspricht sie sich.

Roboter sollen uns die notwendige Arbeit ab- &
wegnehmen, damit wir frei werden für Höheres.

Heine wünschte sich Christi Kränkung
und sein Leiden allen Feinden an den Hals.

Einigung im Akkord : Konsonanz
oder Monotonie? Pas d´accord.

Hegel : Ist Vernunft nur in ihrer unvernünftigen
Umsetzung, Platons Idee am idealsten in der
Realisierung und am wertlosesten im Idealen?

Verdoppeln Roboter nicht die Freizeit
für Besseres, halbieren sie die Freiheit.

Heidegger machte eigenen *Willen zur Macht*
nach ´45 zur *Gelassenheit*, die den Machtwillen
der Welt *eigentlich entschlossen* machen lässt.

Einige macht die Weltflucht krank,
andere die Weltsucht.

Selbstbeherrschung hindert Selbstgespräche,
doch Denken ist wahres Selbstbewusstsein.

Dass die Vernunft nach Kant unwidersprochen
sich widerspricht, ist das Vernünftigste an ihr.

Klugheit fragt, Dummheit antwortet.
und Schlauheit ist fraglos verantwortungslos.

Minimoden der *Maximen*schen
im Sekundenhotel

Auch jeder Aphorismus „kann als wahr aufrechterhalten bleiben, was auch kommen mag, wenn wir zuvor nur anderweitig in dem System ausreichend drastische Anpassungen vornehmen." (*Willard Van Orman Quine*: „From a Logical Point of View", 1953, dt 1979, S. 47)

Was soll der Kritiker, der nichts zu sagen hat, von einem Werk sagen, das ihm nichts sagt? Eine Rezension.

Philosophie : eine Kunst und weder Wissenschaft noch Kunstgewerbe von Denkbeamten.

In kürzester Zeit dehnte sich der Weltraum, und im kleinsten Raum wird dir die Zeit zu lang.

Ich habe nie den Eindruck, dass du deinen ausdrückst in Ausdrücken, die mich beeindrucken.

Die beste Rüstung erlaubt stärkste Entrüstung.

Wer wie Heidegger die Wahrheit übers Nichts sagen will, hat nichts zu sagen, doch wer nichts sagt, sagt eher wahr als die Wahrheit darüber.

Vergibst du mir deine Untaten, vergibst du dir gar nichts; vergibst du dir meine Wohltaten, vergibst du mir gar nichts.

Gott machte die Welt aus dem Nichts,
und ihr macht euch nichts draus!

Das *Buch der Bücher* ist unsterblich, solange es eher Spott und Trott als Gott provoziert.

Ein Irrer kann genial,
ein Genie muss ver-rückt sein.

Irdisches wirkt vom Himmel aus noch viel
komischer als Himmlisches von hier unten aus.

Gesunder Menschenverstand versteht sich auf
Unverständnis – besonders für Einverstandene.

Was dir am Kopf vorbeigeht,
geht mir im Arsch herum.

Die Mörder am geborenen Leben verdammen
nun am lautesten den Mord am ungeborenen?

Wer sich mit Kündigung nicht gütlich abfinden
kann, wird mit Kunden-Boni abgefunden.

Verlacht der lächerlichste Kopf die Welt,
die sein Gelächter nicht auslacht?

Eine Stunde vorm Tod erscheint dir dein ganzes
Leben sehr kurz, eine Minute vorm Tod läuft
noch einmal dein Leben ganz ab (und eine
Sekunde davor vielleicht eine ganze Ewigkeit?).

Lieber ein Karl Jaspers in krankem
als ein Muhammad Ali in gesundem Körper!

Rasender Fortschritt macht jeden zur Schnecke.

Nächstenliebe hat den Feind zum Fresssen lieb.

Welt : In einem Schacht voller Nichts stecken
potenziell unendlich viele neue Schachteln
halb voller Sein.

Hineinförderung ist keine Herausforderung u.u.

Nichts melancholischer als Clowns,
nichts komischer als Trauerklöße.

Am Ende der meisten Richtungen steht zu recht
das Unrichtige angerichtet.

Schaffen Rechtsaußenseiter rechtsfreie Räume?

Man sieht nicht alles vor lauter Etwas
und kein Etwas vor allem.

Lasst mich zufrieden mit eurem *Arbeitsfrieden!*
Dichter machen uns zufrieden mit Papierkrieg.

Auch Todesurteile sind Teile logischer Schlüsse
und bestehen aus übergriffigen Begriffen :
Subjekt, Prädikat, Objekt.

Das Wesen des Lebens : endlich verwesen.
Sterbe wohl! *Silesius:* Mensch, werde gewesen!

Bringt mich erst um, dann um meinen Ruf!

Wer viel Wind macht, malt keine Kornmühle.

Ungeist führt *Blitzkriege* gegen Geistesblitze.

In Spiegeln sieht man Vorbilder und Weltbilder.

Begrabt das Kriegsbeil (nicht im Todfeind)!

Ohne strenges Überich wärst du in dir befangen

Jeder erblickt das Licht der Welt am dicken
Ende eines Tunnels (lebenslänglich ausgehen).

Du lebst eingeklemmt zwischen der Zukunft
von gestern und der Vergangenheit von morgen.

Mit Schimpfworten loben. Der Löwenzahn
der Zeit wuchert mit deinen Pfunden.

Ungeduld streckt jede Lebenswegstrecke.

Gegebenheiten sind redseliger als ihre
Vernommenheit, und unsere Benommenheit ist
armseliger als die reichlichen Begebenheiten.

Handwerk oder Mundwerk ist ein Stockwerk
zum Kunstwerk oder Kraftwerk.

Jeder ein uneheliches Kind von All und Nichts.

Natur : Leitkultur der Kultur.
Zivilisation : Leidkultur der Kultur.

Greise gehen dorthin, woher die Babys kommen

Ängstliche Leute brauchen keine Feigheit.

Hatte er keinen Rüssel zum Erfolg bei ihr?

Respektlose verschaffen sich Respekt.

Ein Sklavenhalter ist Sklave seiner selbst,
und nur der Selbstlose wird sich los.

Güte : *four-letter-word* der Bösewichte.

Ein Urteil ist ein Befehl ohne Ausrufzeichen!

Dreierbeziehung : dreieckiger Bekanntenkreis.

Laternen werden angepinkelt, wenn sie brennen

Unser Treffen : *Touché!*

Am AnFang war der MaulWurf
und kein WildFang.

Lebenslust macht sich lustig
über Verlust- und Todesangst.

Schluss oder Höffnung?

Gut scheint immer nur das Opfer.

Feuerwasser löst auch Gordische Knoten.

Viele Philosophie ist Liebe zur Faulheit.

Mundauftun heißt nicht mehr Neinsagen.

Die Kehrseite der Tapferkeitsmedaille
liegt oft auf Friedhöfen.

Liebe, Krieg und Sachen werden erklärt –
zu Fremdwörtern und wie Fremdwörter..

Absolute Priorität hatte bei Kant die Apriorität.

Helden haben weniger Angst als Angst vor ihr.

Schießt nicht meinen Sündenbock!

Verein-Samen. Auch Quarzuhren ohne Unruhe
geben keine Ruhe.

Descartes? *Je pense, je suis* bald tot.

Wer sich langweilt, hat alles gefunden.

Galgenvögel halten sich
in Haft gern Käfigvögel.

Was schön scheint, kann platzen. Was plötzlich
platzen oder reinplatzen kann wie dicke Hunde,
schillert bunt wie leere Seifenblasen.

Pustet Gott mit jedem Urknall eine schillernde
Weltkugel in den Himmel wie sein Menschens-
kind die Seifenblasen?

Sie gehen vorher baden : Mit Seifenblasen kann
man sich nicht waschen und den Stei... bl....

Wollen ist wie Machen, nur besser,
Tunix ist wie Neinsagen, nur blasser.

Eine Republik ist Freiheit von ungleichen
und Gleichheit von unfreien Brüdern,
die sich nur mit Schlagworten erschlagen.

Sekundärliteratur zum Aphorismus

Gerhard Neumann (Hg.): „Der Aphorismus.
Zur Geschichte, zu den Formen und Möglichkeiten
einer literarischen Gattung", Darmstadt 1976

„Ideenparadiese. Untersuchungen zur Aphoristik
von Lichtenberg, Novalis, Friedrich Schlegel und
Goethe", München 1976

Peter Krupka: „Der polnische Aphorismus",
München 1976

Hans Peter Balmer; „Philosophie der menschlichen
Dinge. Die europäische Moralistik", Bern 1981

Harald Fricke: „Aphorismus", Stuttgart 1984

Gisela Febel: „Aphoristik in Deutschland und
Frankreich", Frankfurt/Main 1985

Klaus von Welser: "Die Sprache des Aphorismus",
Frankfurt/M. 1986

Heinz Krüger: „Über den Aphorismus
als philosophische Form", Frankfurt/M. 1988

Werner Helmich: „Der moderne französische
Aphorismus", Tübingen 1991

Stefan Fedler: „Der Aphorismus. Begriffsspiel zwischen Philosophie und Poesie", Stuttgart 1992

Paul Geyer / Roland Hagenbüchle: „Das Paradox", Tübingen 1992, Würzburg 2002²

Thomas Stölzel: „Rohe und polierte Gedanken. Studien zur Wirkungsweise aphoristischer Texte", Freiburg 1998

Lada Lubimova: „Struktur und Funktion des Aphorismus : eine textlinguistische Studie", Bremen 1998

Robert Zimmer: „Die europäischen Moralisten", Hamburg 1999

Michael Esders: „Begriffs-Gesten. Philosophie als Kurze Prosa von Friedrich Schlegel bis Adorno", Frankfurt/Main 2000

Rüdiger Zymner: „Aphorismus", In: Kleine literarische Formen in Einzeldarstellungen, Stuttgart 2002

Friedemann Spicker: „Kurze Geschichte des deutschen Aphorismus", Tübingen 2007

„Die Welt ist voller Sprüche. Große Aphoristiker im Porträt", Bochum 2010

Andreas Egert: „Der Fall Aphorismus. Zur Genese und Aktualität einer Gattung", Dresden 2015

Misslingen gelingt immer

Wirklich nicht mein Tag ...
Wirklich nur dein Tag, Egoist.

Liebe ist:
Nicht wirklich dein Tag
ist nicht wirklich mein Tag.

Unwirklich mein Tag …
Unverwirklicht dein Tag ...
Verwirkt unsere Sommertage ...

Wirklich nicht mein Geburtstag ...
Möglich nur mein Todestag ...
Nicht wirklich mein Arbeitstag ...
Mein Feiertag wirkt nicht ...

Pech am Tag,
Glück in der Nacht
Untertage ...

Missglückt, danebengegangen,
ging und fiel schlecht aus
und ging in die Brüche,
schiefgelaufen,
missraten und fehlgeschlagen,
verflixt und zugenäht.
Oh, weh!

Scheitern macht auch nicht gescheiter.
Wirklich nicht meine Tage
heute und morgen
usw.

+ + +

„Könnt ich Magie von meinem Pfad entfernen, die Zaubersprüche ganz und gar verlernen ... “ (*Goethe*, Faust)

„Nie ist der Mensch tätiger, als wenn er nichts tut, und nie ist er weniger allein, als wenn er für sich allein ist.“ *(Cato)*

Rechte sind Linke von hinten, und umgekehrt.

Keine heißen Eisen : *Holidays on Ice*

Zurück aufs Gleis!

Geh mit Fleiss
nur im Kreis,
Eis ist weiss,
nicht dein Steiss.

Ist es heiß,
hilft dem Greis
wie der Geiss
gegen Schweiß
nur ein Eis,
nicht so'n Scheiß
wie der Reis
oder Mais,
wie er weiß:

Dafür'n Preis!
(Ich sag nur leis,
wie ich heiß.)

Eisberge werden auf- und abgelutscht. Tau auf!

Polkappen schmelzen dahin, Gletscher kalben sich tot, Meeresspiegel steigen uns vor allem zu Kopfe, die Eisheiligen bleiben aus, Eisbein macht keine Gänsehaut mehr, Umwelt(vor)schützer im historisch-hysterischen Daueralarm, sengende Sonne satt und keine neue Eiszeit in Sicht :

Erwärmt sich die Erde (für uns),
weil wir langsam alle zur Hölle fahren?

Das ist ein Essay im *Buch der Natur* : Netter Versuch, kein bloßes Gedankenexperiment, eine Heimsuchung statt nur blosse Versuchung. "Die Wüsten wachsen" (Nietzsche), die eiskalten Verwüstungen der wüsten Geister : Nur eisige Mienen und Blicke noch.

Wenn es dem Esel zu wohl wird, geht er aufs Eis, doch wie kriegt man vorher die dumme Kuh vom (schmelzenden) Eis? Das ist elementar : Feuer und Wasser zusammen machen uns Dampf auf Erden, oder wir fliegen in die Luft − oder ins All.

Mehr lauwarmes Meer zwischen arschkaltem Eis und höllheissem Dampf! (Nur ein Double-Drabble oder schon ein Essay?)

Rezension einer gerade gelesenen Rezension

„Lustig ist man, wenn man die Beute zerteilt."
(Jesaia, Kap. 9 Vers 2)

„Ein Christ betreibt dann gute Theologie, wenn er im Grunde immer fröhlich, ja mit Humor bei der Sache ist."
(Karl Barth, 1886 - 1968)

„Gott hat Humor, denn er hat den Menschen erschaffen."
(Gilbert K. Chesterton, 1874 - 1926)

Können „wir uns wenigstens darauf einigen, dass Gott Spaß genug versteht, uns zu erlauben, ihm Humor zuzuschreiben?" *(Eike Christian Hirsch, 1986)*

„Humor ist der Bruder des Glaubens." *(Martin Buber)*

Es ist wie bei fast allen Literaturkritikern : sie haben das besprochene Buch nicht wirklich gelesen, und wenn doch, dann nicht wirklich verstanden. Einige oberflächliche Gesichtspunkte, die bei den Romanen eine Rolle spielen mögen, werden hier auf die Biographie des Allvaters und seiner Beziehungen zu ausgewählten seiner Geschöpfe leichtfertig übertragen. Der bisher einzige Bestseller der Weltgeschichte, der seine vielen Druckauflagen auch verdiente, wird als Kolportageknüller und billige Räuberpistole abgetan, aber der begnadete Longestseller wird seine blasphemischsten Rezensenten spielend überleben, weil er Geist ist und vom „unsterblichsten Gerücht" spricht. Das Wort Gottes ist nicht unser Wort zum Sonntag. Diese heilig gesprochenen, weil nicht mehr verstandenen Schriften wollen entheiligt, aber nicht versehentlich oder absichtlich fehlgedeutet werden von uninspirierten Lesern und Hörern. Gesetzestexte sind keine Krimis, und Geschichtswerke bestehen nicht aus mehr oder weniger gut erfundenen Geschichten. Hoffentlich ist auch diese mehr als skeptische Rezension nur Rollenprosa und ihr Autor spielt nur mal kurz den beschränkten Journalisten der Ewigkeit. Hat er von den tausend Buchseiten mehr als einhundert gelesen und verdaut? Wenigstens ist bei ihm der „Universalprotagonist" so etwas wie „Der Pate", und das ist ein spannender Bestseller, von dem man sagen könnte : Analphabeten sind Herzensgebildete, die Bestseller lesen.

Es braucht heute so wenig Mut mehr, Religiöses zu verspotten, dass es fast schon wieder Mut braucht, es trotzdem zu tun, wo alle nur müde abwinken. Theologen freuen sich heute bereits, wenn ein Aufklärer sich nochmals die Mühe macht, sich gegen sie zu ereifern. Da ist zwischen Himmel und Erde keine

Fallhöhe mehr, von der ein Witz bei der Sache lebt. Religionskritik ist von historischer Schriftkritik oder von Voltaire schon viel besser erledigt worden.

Bisher hat dieser *one-book-writer* immerhin alle seine Kritiker spielend überlebt mit einem "unsterblichen Gerücht".

Der vielrezensierte Longseller ist kein Roman, sondern entwickelt wissenschaftstheoretisch gesehen eine stringente Arbeitshypothese, die bisher niemals schlüssig falsifiziert wurde. Andere sprechen sogar von einer evaluierbaren "biblischen Theorie". Und verifizieren lässt sich laut Popper ja *keine* Theorie.

Den bitteren Erfahrungen mit Institutionen soll nicht widersprochen werden, aber dieses Buch ließe sich auch unbefangener lesen. Die "heilige Schrift" kann entheiligt werden, ohne sie so zu entmythologisieren oder zu dekonstruieren, bis nur noch ein wildwüster Schinken übrigbleibt, zusammengeschmiert von unaufgeklärten Dorftrotteln, exekutiert von Tyrannen und kommentiert von ignoranten Theo-logen.

Dieser Bestseller gibt lange weltgeschichtliche Erfahrungen (Testreihen) mit einer „Urhypothese der Menschheit" wieder und enthält eine Art von Gebrauchsanweisung für das Fertigprodukt Welt direkt vom Produzenten, der es ja wissen muss. Wer diese praktische und gutautorisierte Bedienungsanleitung (die in der Genesis keine physiktheoretischen Baupläne des Weltalls ausplaudert) nicht beherzigt, läuft Gefahr, dass ihm sein Leben darin um die Ohren fliegt durch unsachgemäßen Umgang mit dem heiklen Produkt. Kurz : Eine Reihe von guten Tipps vom ollen Jott. Menschenkinder sehen nur nicht immer gleich ein, was der "(Gross-)Vater" so alles besser weiss, und bleiben lieber unterm Rock von Mutter Kirche, wo keines erwachsen wird.

Man tut besser daran, Ihn zu nehmen, wie Er ist, und nicht, wie man Ihn lieber hätte. "Meine Gedanken sind nicht eure." Man muss sich vor Ihm in Acht nehmen, Er ist ein strenger Lehrer. Der "Universalprotagonist" wählt sich als Seine Geschäftsträger oft unscheinbar "unwürdige" oder unwillige Leute. Da Er uns relativ zurechnungsfähig erschaffen haben soll, rächen sich unsere Irrtümer. Er straft nicht, unser Verhalten straft sich meist selbst, denn Moral ist die praktische Konsequenz von Naturgesetzen. Man folge Seinem Finger in der Geschichte, und "Zufälle" scheinen Sein bevorzugtes Incognito.

Kant hatte manches von Seinem Grundgesetz ins Philosophische und Subjektive übersetzt, ohne das Gebiet des Religiösen zu betreten.

Viele empfinden Ihn zu aggressiv, andere eher erstaunlich geduldig mit Gesetzesbrechern, sie vermissen eher den Panthersprung dieser Großkatze. Wer Freude am Produkt haben will, lese sorgfältig die Beipackzettel von Medikamenten und komplizierteren Industrieerzeugnissen.

Lass den Sturm los !

Dunkler wird es und nasser,
kühler und windiger.
Früchte ersetzten die Blüten.
Leben geht ans Ableben.
Es wuchern die Klischees.
Im Herr'bst des Lebens
fallen beschriebene Blätter
vom Baum der Selbsterkenntnis.
Das Jahr wird ein bunter Hund.
Lest die Bucheckern
auf und zu Ende!
Ist der Herb'st schon
die Winterpretation des Sommers?
Ist der Herb'st noch
der Frühling der Eisblumen?

Lumpenproletarier und Bettler
Eine Meditation

Nietzsche hatte einen neuen Grund gefunden, Bettler 'abzuschaffen', wobei er nicht näher beschrieb, wie er dieses 'Abschaffen' verstanden wissen wollte. Bettler seien abzuschaffen, weil man sich ärgert, wenn man ihnen etwas gibt, und sich nicht weniger ärgert, wenn man ihnen nichts gibt. Ich weiß nicht, ob er ihnen etwas gab oder ob er ihnen nichts zu geben hatte. Wenn er gab, war dieser Antichrist Christ genug, es niemanden wissen zu lassen. Wieviel muß ich einem Bettler in den Hut werfen, wenn ich das Gefühl brauche, nicht zuwenig gegeben zu haben? Wenn ein Reicher zwei Groschen gibt und wenn ihm diese zwei Groschen zu einem besseren Gewissen verhelfen, hat er das gute Gewissen zu billig erworben, sagt man. Mancher hat ein so feines Gewissen, daß er nichts geben mag, weil er glaubt, dadurch mehr dem Spender als dem Empfänger zu helfen. Ich gebe dem Armen, um mir selbst zu helfen, und ich komme erst einmal mir selbst zur Hilfe, um dem Armen etwas geben zu können. Mancher erwirbt nichts, um nichts spenden zu müssen, sagen manche Reiche. Ohne von Spender und Empfänger gesehen zu werden, kann man sehen, daß überwiegend ältere Menschen es sind, die Münzen in die Mützen der Bettler werfen. Soll ihnen das gute Geld, das sie in ihrer Tasche finden, Glück bringen, so kurz vor dem eigenen Ende? Wer nichts gibt, will da nur Torschlußpanik sehen, die in letzter Minute vor Gottes Richterstuhl noch die eigenen Chancen verbessern will. Wie dem auch sei, am meisten bekommen die Ärmsten immer von den Armen. In der Nähe der großen Warenhäuser muß der Kaufwillige mit seiner prallgefüllten Brieftasche vorbei an der strategisch günstig placierten Demutshaltung der Bettler. Sie tun so, als wagten sie nicht, den Kopf zu heben vor lauter Scham, diese Elendsprofis, entrüsten sich jene, denen es nicht genügt, nichts zu geben, wenn sie keine guten Gründe nennen können, warum sie nichts geben. Es geht sich leichter am Bettler vorüber, wenn man in ihm einen gut verkleideten Arbeitslosengeldempfänger sehen kann. Sind das nicht alles Bafög-Studenten, die sich den elterlichen Scheck aufbessern und dabei soziologische Studien treiben wollen? Wer wirklich arbeiten will, bekommt auch Arbeit, sagen jene, die nicht arbeiten wollten und doch Arbeit bekommen haben. Noch schlechter als die Gründe, den Bettlern Geld zu geben, sind nur die Gründe, ihnen nichts zu geben.

Der eine gibt, um hinsehen zu dürfen, der andere sieht nicht hin, um nichts geben zu müssen. Nur wenige sehen genau hin und geben nichts, und ganz wenige werden beschimpft, wenn sie den Arbeitsunfähigen arbeitsscheues Gesindel schimpfen. Wer einen Grund braucht, nichts zu geben, und ein Gegenüber, dem er den Grund nennen kann, sieht das Erbettelte den Sozialhilfesatz weit übersteigen. Der eine verweist auf den Sozialstaat, der andere auf die fällige Revolution. Der Sozialstaat ist schon da, die Revolution ist noch nicht da, also ist der real existierende Sozialstaat kein wirklicher Sozialstaat. Der bloße Gedanke an Sozialhilfe und an Revolution dispensiert von Mildtätigkeit, Mitleid und anderen bürgerlichen Sentimentalitäten. Kaum jemand kann einen Blick auf diese hingekauerten Menschenbündel werfen, ohne sich für einen Bruchteil einer Sekunde schaudernd an ihrer Stelle zu sehen, und sei es nur, um diesen Eindruck sofort wieder zu verwischen. Nicht der da zu sein, erscheint als Frucht eigener Arbeit und doch auch irgendwo als unverdientes Privileg, das nicht den Zorn der Götter erregen will. Wie viele Zufälle mußten zusammentreffen, um so zu enden oder um eben so nicht zu enden! Wieviel bloßes Glück in der Tatsache steckt, nicht als Bettler in Kalkutta geboren zu sein, weiß Gott allein, seufzen wir in den gutbeheizten Häusern vor überfüllten Tiefkühltruhen. Der eine gibt, und der andere gibt nicht, und beide tun das, was sie tun, weil sie Angst haben, selbst zu Bettlern zu werden. Das Geld, das ich dem Bettler gebe, wie das Geld, das ich ihm nicht gebe, kann mich selbst zum Bettler machen. Wenn ich dem Bettler eine einzige Silbermünze zustecke, darf mir in einer Stunde mein Kotelett wieder schmecken. Diesen Appetizer leistet sich der Kluge. Gehe ich achtlos vorüber, schmeckt mir später die Hasenkeule nicht halb so gut, rechnet er. So verhöhnt der Hartherzige, der sich für den wahren Anwalt der Armen hält, den Geber, den er für den wahren Hartherzigen hält; so verhöhnt der Hartherzige den verhinderten Geber in sich und dir.

Wenn ich gebe, fühlt sich die Gesellschaft, die nichts gibt, gerechtfertigt, fürchte ich und gebe nichts. Der Revolutionär klagt die Gesellschaft an, indem er nichts gibt. Mannhaft unterdrückt er den mildtätig reaktionären Impuls, den er seit seiner bürgerlichen Kindheit in sich spürt, knirscht mit den Zähnen, sorgt dafür, daß sein innerer Kampf auch bemerkt wird, und verbietet sich diese Personalisierung der „Verelendungstheorie". Er läßt sich vom Scheißsystem nicht zur Barmherzigkeit erpressen. Diesen Gefallen tut er seinen ideologischen Widersachern nicht. Und was ist mit dem, der gibt und sein ungutes Gefühl trotzdem nicht los wird? Wo bleibt derjenige, dessen schlechtes Gewissen um so schlechter wird, je mehr er gibt, ohne daß er sich besser fühlt, wenn er gar nichts gibt und sich auf die Revolution nicht herausreden will, auf die der Bettler nicht warten kann? Was ist mit dem, der gibt und ein schlechtes Gewissen hat, um sich und allen zu beweisen, daß er durch milde Gaben kein gutes Gewissen sich verschaffen will und kann? Darf der Geber, auch wenn er niemandem zeigt, was er gibt, stolz sein auf sein durch die Gabe unkorrumpiert schlechtes Gewissen?

Aber ist der Arme dort ein echter Armer oder ein Simulant? Argwohn oder simulierter Argwohn verschließt die Geldtaschen nicht weniger fest als Geiz oder Gleichgültigkeit oder das revolutionäre Alibi. Der Arbeitsunfähige wird an die Rentenversicherung und Sozialhilfe verwiesen, der Arbeitsscheue ans Arbeitsamt.

Ist die Frage nach dem Unterschied zwischen Links und Rechts eine linke Frage oder eine rechte Frage? Beide gehen an dem Bettler vorbei, ohne ihm etwas Silbernes in die Mütze zu werfen. Der Rechte geht vorüber, weil er schon genug Steuern zahlt oder hinterzieht. Der Linke geht vorüber, weil erst die Revolution alle Bettler abschaffen wird, weil sie die Armut aufheben wird. Ob nun Staat oder Revolution oder beides zugleich, beide geben nichts, weil sie beteuern, daß sie gar kein schlechtes Gewissen zu beschwichtigen haben. Oder sie geben etwas, um uns danach aber wenigstens ihren Generalvortrag über Menschen halten zu dürfen, die als erste zu geben hätten. Kurz: Der Rechte kauft sich durch die Spende von der Revolution frei, sagt der Linke. Der Linke kauft sich durch die Revolution von einer Spende frei, sagt der Rechte. Und jeder hat das deutliche Gefühl, daß beide Recht hätten, wenn sie nicht beide Unrecht haben würden.

Und dann gehen wir abends nach Hause, ob wir gegeben haben oder nicht. Jeder spielt eine entschiedene Rolle, keiner spielt eine entscheidende Rolle in seinem eigenen Leben. Und nachts drehen wir alle Heizungen auf, damit es nicht zu kalt wird, und öffnen alle Fenster, damit es nicht zu heiß wird.

Niemand soll(te) etwas spenden zu müssen glauben, um seine eigene Seele zu retten, aber wenn einer spenden will, um die Haut anderer Leute zu retten, und nicht weiß, wo die Armen wohnen, dann täte er gut daran, seine Spende auf das Konto der Kirche einzuzahlen, zu der er gehört. Er sollte das nicht tun, weil er fromm ist oder obwohl er ein Heide ist, sondern aus dem viel einfacheren Grund, daß er dem Übermittler der Spende trauen möchte. Damit soll nicht gesagt sein, daß die christliche Kirche immer ihrem eigenen Begriff gerecht wird, daß sie jedes in sie gesetzte Vertrauen ebenso sicher erfüllt, wie die weltlichen Hilfswerke dieses Vertrauen ja regelmäßig zu enttäuschen pflegen. Im Gegenteil ist die Kirche auch dann dem Spender zu empfehlen, wenn bekannt würde, daß die weltlichen Hilfsorganisationen mit den anvertrauten Pfunden besser wuchern als die christlichen. Das Paradoxon liegt darin, daß das wie ein Paradoxon klingt, wo es keines ist. Ich empfehle die Kirche nicht, weil mein Vertrauen in Christen ebenso blind ist wie mein Mißtrauen in Nichtchristen. Wenn ich gefragt wäre, würde ich einem spendablen Fragesteller die Kirche auch als Spendenübermittler raten, weil ein Christ betrügen kann und in Wirklichkeit oft betrügen mag. Aber ein Christ, der betrügt, hat das vor dem göttlichen Gericht zu verantworten, während ein Nichtchrist, der betrügt, das wahrscheinlich nicht einmal vor einem weltlichen Gericht zu verantworten hat, wenn er kein Einfaltspinsel ist. Natürlich will ich nicht, daß meine Religion mich betrügt und sei es nur um mein Geld, aber wenn sie mich betrügt, dann haben ihre Sachwalter das mit ihrem obersten Dienstherrn selbst abzumachen, ohne daß ich ihre Arbeit kontrollieren müßte.

Niemanden macht er mehr auf sich aufmerksam. Die Mitleidskampagnen für ausländische Arbeiter sind fast abgeebbt. Als Flüchtling aus einem roten Groß-KZ war er der wahrhafte Revolutionär gewesen, aber das hat niemand gemerkt. Den Ruhm überläßt er neidlos denen, die die sowjetische Besatzungszone immer reformieren statt verlassen wollten. Er will keine schlafenden Hunde wecken. Wer weiß, wieviel Zeit ihm diesmal noch bleibt. Er läuft auf keinen Demos mit, sondern setzt sich nach Feierabend auf den Hosenboden und studiert nicht Karl Marx, sondern eher den biblischen Exodus aus dem ägyptischen Vaterland der Werktätigen. Seit 1945 läßt er sich von keinen neuen Bewegungen mehr mobilisieren, er hat seine Lektion gelernt. Er will kein Plebiszit der Straße, ihm genügt das demokratische Wahlkreuz. Seinen ureigenen Gewerkschaften traut er nicht, also alles zu.

Der Proletarier blieb buchstäblich kopflos. Immer haben sich Bürgerkinder seinen Kopf zerbrochen. Sie wollten immer nur sein Bestes, und das hat er ihnen immer gegeben. Tagsüber gehorchte er in der Fabrik den rechten Vätern, nach Feierabend auf der Straße ihren linken Söhnen. Solange der Körper des Arbeiters nur ausführen soll, was der rechte oder linke Geist des Bürgers sich so ausdachte, wird alles beim Alten bleiben. Daß kein Arbeiter davon etwas wissen will, spricht für und nicht gegen diesen Befund. Er versteht nur Bahnhof, denn er hat nur allzu gut verstanden.

Keine Bücher werden ihm zu Ehren mehr geschrieben, keine Lieder für ihn gesungen. Nun hat er endlich seine Ruhe. Die Revolution, das ist keine blutige Barrikade, sondern das erste alte Buch, das er nun liest, statt sich ein neues Auto zu kaufen. Er lebt in einer Demokratie. Er muß nur lernen, sie zu nutzen. Hat er erst genug Bücher gelesen, ist er endlich unfähig geworden, an der Durchdrehbank zu stehen. Wie Plato geht er aus der Höhle an die Sonne, um auf Ideen zu kommen. Er kann auf beliebig viele Dinge verzichten, wenn er nicht mehr auf sich selbst verzichten muß. Er ist nicht mehr durch seine Wünsche erpreßbar. Seine materiellen Bedürfnisse sind so gering, wie sein geistiger Nachholbedarf groß geworden ist.

Er liest, daß wir in die Verhältnisse angeblich viel zu verstrickt sind, um soviel Abstand zu gewinnen, daß wir sie durchschauen könnten. Wir seien keine Zuschauer, sondern Mitspieler. Diese beobachtete Wirklichkeit werde durch die wirkliche Beobachtung viel zu sehr verändert, um sie objektiv erkennen zu können. Die lesenden Arbeiter glauben kein einziges Wort davon. Sie alle sollen doch nur mitmachen, und keiner soll erkennen können, wobei er eigentlich mitmacht. Ich halte mich da raus. Ich bin ein Subjekt und kein Teil der Objekte. Nachträglich enthüllt sich, warum Adorno die Utopie nicht

„konkretistisch auspinseln" wollte: Der arme Industriarbeiter als kinderreicher Geistesarbeiter ist ein linkes Tabu, da er die bürgerliche Avantgarde funktionslos machen würde. Solange der Produzent sich vom bürgerlichen Textproduzenten vertreten läßt, bleiben beide voneinander zu Recht enttäuscht.

Adorno hatte gezeigt, was aus dem Geist wird, der die Kumpanei mit der Macht sucht. Er hat nicht gezeigt, was aus dem Geist wird, der nicht nur für die Ohnmächtigen spricht, zu ihren Gunsten und an ihrer Stelle, sondern Geist der Ohnmächtigen selbst wird. Die Ohnmacht des Geistes, der kein Geist der Macht sein will, ist erst behoben, wenn die Schmächtigen dieser Welt selbst Geist entwickeln, statt nur das Stück Materie zu sein, das sie bearbeiten. Im Gegenstand des Geistes rehabilitierte noch Adorno eher Mutter Natur als ihren proletarischen Erdensohn, also eher die Materie als den, der sich daran tagtäglich für ihn abschindet. Aber der Widerstand, den der Gegenstand dem Verstand entgegensetzt, ist nicht die Sperrigkeit eines Arbeitsmaterials, sondern ein Ding an sich, in dem der Kant der praktischen Vernunft die menschliche Freiheit selbst sah, Adorno aber nur den „blinden somatischen Impuls", der ihn als Gefühl überwältigen sollte, ohne ihn zu vergewaltigen.

Weisheit ist die Tugend einer Not. Früher wurde einer Philosoph, wenn er keine reichen Eltern hatte und trotzdem nicht ans Fließband wollte. Was wissen wir heute noch von Weisheit? Platon war ein griechischer Idealist. Der hatte noch Ideale. Wir sind realistischer. Wir haben keine Ideen mehr. Karl Marx hat Plato und Hegel widerlegt. Geld regiert und negiert die Welt. Die Leute reden von Ideen, die sie nicht haben, und meinen das Materielle, das sie ebenso wenig haben. Descartes hatte gesagt : „Ich denke, also bin ich." Descartes war zu verkopft und hatte keine Ahnung von Ahnungen und kein Gefühl für Gefühle. Ich bin, also denke ich nicht. Dann kam Kant und sagte: „Alles ist nur subjektiv." Jeder hat seine eigene Meinung und respektiert, daß andere auch keine haben. Schopenhauer war schon Pessimist, als es noch gar keine Umweltkatastrophen und Atomwaffen gab. Auf Nietzsche schwören alle Unmenschen, die sich für „Übermenschen" halten. Sartre war Existenzialist und wollte Freiheit für alle. Bloch war linker Utopist und wollte Arbeitsmaterial für alle. Heidegger war rechtsaußen und wollte dort immer nur sein „Sein". Dr. Lieschen Müller ist profunder Kenner der europäischen Geistesgeschichte.

Niemand weiß mehr, was Hegel noch wußte: Wahre Philosophie sagt den Gebildeten dasselbe in Begriffen, was die Religion dem Volk in Bildern sagt. Es ist Priesterbetrug, daß Religion nur Priesterbetrug sei. Es ist Jenseitsvertröstung, daß Religion nur Jenseitsvertröstung sei. Es ist reaktionär, daß ein frommer Mensch nur ein Reaktionär sei. Was als Mittel der Sklavenselbstbefreiung begonnen hat, ist von den Sklavenhaltern allerdings zu einem Mittel der Versklavung gemacht worden. Diese Sklaven waren so sklavisch, das zuzulassen. Aber Religion ohne revolutionäre Wurzeln ist ein Aberglaube, und Revolution ohne religiöse Wurzeln ist eine Konterrevolution.

Revolution wird heute als Aufhebung des biblischen Gesetzes verstanden. Heute wird Gottes Grundgesetz 'verabschiedet'. Die falschen Revolutionäre geben ihm den Abschied, statt es zu ratifizieren. Wahre Revolution, das wäre aber gerade die Rückkehr zum göttlichen Gesetz und seine Restituierung. Dieses Gesetz ist die Gebrauchsanweisung der ganzen Schöpfung, direkt vom Hersteller, der es schließlich am besten wissen muß. Wer die Bedienungsanleitung eines Produktes nicht beachtet, hat wenig Freude an seiner Erwerbung. Wer würde die genaue Beachtung eines solchen Beipackzettels im Ernst als einen Kadavergehorsam bezeichnen?

Man braucht nicht viel Köpfchen, um zu merken, daß es viel weniger 'verkopfte' Menschen gibt, als ihre Gegner ahnen lassen. Will man den hirnrissigen Widersachern astreiner Hirnmenschen glauben, ist es eine Sache 'leibhaftiger' Minderheiten, die Vorherrschaft der 'Eierköpfe' endlich mal zu brechen. Hier wird der Bock zum Gärtner gemacht. Die Suche nach Verkopften unter so vielen Verkörperten ist eine Suche nach der Nadel im Heuhaufen. Die Wahrheit ist, daß die Verkopften Körper haben, die allzu Verkörperten aber eher kopflos sind.

Ich denke nach und verschwinde dabei nicht in der Versenkung der Meditation. Wer meditiert, ohne auf Gedanken zu kommen, meditiert nicht. Wenn ich in mich hineinstiere, sehe ich gar nichts oder andere Menschen, aber wenn ich andere Leute sehe, erkenne ich mich selbst. Ich versuche aus dem Vollen meiner inneren Leere zu schöpfen, statt meinen Mehrwert abschöpfen zu lassen. Die kleinste Verdauungsstörung trübt das Bewußtsein, welches doch das Sein mitbestimmt.

Wer sich auf Politik einläßt, erlaubt den Mitmenschen, sich in seine Angelegenheiten zu mischen. Ich engagiere mich für Abstand von allen Engagements. Wer sich 'vernetzen' läßt, ist ein ins Netz gegangener Fisch. Es wird Zeit, wieder daran zu erinnern, daß das proletarische Objekt unter einen bürgerlichen Begriff der Befreiung vom bürgerlichen Begriff subsumiert zu werden pflegt. Es geht nicht nur darum, das Subjekt zum Objekt zu machen und das Objekt zum Subjekt, sondern den Herrn zum Knecht jenes Knechtes zu machen, der zum Herrn über alle Herrschaften wird. Solange Leib und Seele, Körper und Kopf des Menschen auf zwei unterschiedliche soziale Klassen verteilt bleiben, fängt die alte Scheiße immer wieder von vorn an.

Auch bei Marx, Bloch und Adorno stammt die Theorie der Sklavenbefreiung nicht vom Sklaven, sondern eben von Marx, Bloch und Adorno. Sie stammt nicht von dem, dem sie in diesen Philosophien zugute kommen soll. Die Befreiungstheorie von Marx, Bloch und Adorno besteht nicht darin, daß die Befreiungstheorie vom Sklaven stammen soll. Sie besteht sogar darin, daß die Theorie seiner Befreiung keinesfalls vom Sklaven kommen darf, wenn die Befreiung gelingen soll. Wenn diese Theorie nicht *vom* Sklaven ist, sondern *für* den Sklaven ist, dann nicht deshalb, weil sie vom Sklaven nicht zu erwarten ist, sondern weil der bürgerliche Intellektuelle nicht überflüssig werden will. Die Objekte der Geschichte sollen Subjekte werden, aber nur als Objekte einer Philosophie, die nicht von ihnen entwickelt ist, sondern von Subjekten, die nicht deren Objekte werden wollen. Wenn ich Gegenstand einer Theorie bleibe, die mich zum Urheber einer Praxis machen will, dann werde ich schnell zum Objekt dieser Praxis.

Zu Bewußtsein kommen heißt für Menschen erst einmal, sich die Naturgesetze bewußt machen, denen sie unterworfen sind und deren sie sich bedienen können. Ich bin nicht frei von Naturgesetzen, ich bin frei, mich ihrer zu bedienen, und ich kann mir keine Naturgesetze zunutze machen, die ich nicht kenne. Die Freiheit von allem Beliebigen und für alles Beliebige, von der Sartre sprach, ist nur ein Trick der Natur, den Menschen mit seiner Natur bekannt zu machen. Wir erfinden unsere Natur, um zu entdecken, daß wir nur entdeckt haben, was wir zu erfinden meinten: „Kismet". Sartre behält allerdings Recht, wenn er sagt, daß ich zu entdecken glaube, was ich im Gegenteil immer erfinde. Ich stoße auf meine Erfindungen wie auf Entdeckungen, aber auch auf Entdeckungen, als wären es meine Erfindungen. Oder erfinde ich nur, daß ich meine Erfindungen nur entdecke? Wenigstens hat Sartre nur entdeckt und nicht erfunden, daß er seine besten Entdeckungen nur erfindet.

„Mensch, werde wesentlich!", sagt Angelus Silesius. Die Existenz wird vom Gefühl, das Wesen einer Sache aber vom Gedanken erfaßt, lehrt eine alte Tradition. Sartre zieht aber nicht den Schluß, daß die nackte Existenz sich ihr Wesen selbst produziert, indem der Arbeitssklave zu Bewußtsein kommt und sich selbst einen ebenso besonderen wie allgemeingültigen Begriff vom Ganzen macht. Sartre deutet sehr richtig den Schritt vom Sein zum Wesen als Fortschritt vom Sein zum Bewußtsein, aber sein blind aktivistisches Vorurteil identifiziert das Bewußtsein kurzschlüssig mit gesellschaftlichem Engagement statt mit Abstand vom Betrieb. Kurz: Sartre beschreibt sein Bewußtsein wie einen Produktionsprozeß, damit der Produzent nicht zu Bewußtsein kommt.

Sartre könnte auf Proletarisch durchaus übersetzt werden. Der Arbeiter sollte sich eher herleiten von seiner Hinkunft als von seiner herkömmlichen Herkunft. Wenn er ein „etre-pour-soi" wird, wenn er für sich arbeitet, statt für andere, die nicht für ihn arbeiten, „transzendiert er das Sein", um es zu „enthüllen", d.h. um es als bloßes Arbeitsmaterial zu entlarven. Wenn Sartre Bewußtsein sagt, meint er Freiheit vom Sein. Er schöpft aus dem mystisch Vollen dieser sich selbst durchsichtigen Leere. Aber wenn ein Arbeiter (sich) etwas aus dem macht, was aus ihm gemacht wird, wenn er sich permanent „losreißt" von dem Sein, das er bearbeitet, dann wäre er ein Körper, der seinen eigenen Kopf entwickelt, statt nur mit seinem Körper auszuführen, was ein Bürger mit seinem Kopf sich ausdenkt. Sartres „Existenz, die sich ihr Wesen erfindet", ist einfach nur ein nacktes Existenzminimum, das anfängt, selber nachzudenken.

„Der Mensch ist zur Freiheit verurteilt", das Schicksal liegt in der Befreiung vom Schicksal: Der Kopf verurteilt sich zur Befreiung vom Arbeitsmaterial. Aber Sartre beschreibt la conscience nicht zufällig noch viel zu sehr nach dem Bilde der materiellen Produktion statt der schöpferischen Kunst. Da ist die Rede von Plänen, Projekten, Mitteln und Werkzeugen. „Proletarischer Existenzialismus" bestünde nicht in einer *fraternité-terreur* militanter Gruppen, sondern darin, Freiheit in der Selbstbeschränkung auf das materielle Existenzminimum und auf das geistige Existenzmaximum zu suchen.

Der § 1 jeder proletarischen Philosophie lautet, daß die Proletarier ihre proletarische Philosophie selbst zu entwerfen haben.

Philosophie heißt, Gott weltgeschichtlich zu erkennen nicht als Pazifisten, sondern als Kriegstreiber gegen faulen Arbeitsfrieden. „Kriegsgefahr ist auch jetzt noch das einzige, was den Despotismus mäßigt, ... so lange nun noch die nomadischen Hirtenvölker, welche allein Gott für ihren Herrn erkennen, (als abgesagte Feinde alles Landeigentums) die Städtebewohner und Ackerleute, welche einen Menschen (Obrigkeit) zum Herrn haben, ... anfeindeten und von diesen wieder gehasset wurden." *(Kant:* „Mutmaßlicher Anfang der Menschengeschichte", 1786) Der Sündenfall, seßhaftes Ackern von Besitzenden, nutze nur der Gesellschaft und schade dem monadischen Individuum.

„Mensch und hebräisch *enosch* (Mensch) zeigen Ähnlichkeit mit einer Reihe wie lat. *unus* (ein) und griech. *monos* (allein), Monachos (einsam) ..." *(A. Wadler:* „Der Turm von Babel", 1935). Der Geist zerbricht Kontexte und fügt die Bruchstücke richtiger zusammen : Einzig originell ist, wer bisher unbekannte Wirk-lichkeit enthüllt oder erschafft.

Abel war Gottes Favorit, weil er Nomade, nicht weil er Bauer Kains Opfer war. Vita contemplativa, Orient-ierung nach Sternen: Die Schöpfung will er-fahren und nicht bearbeitet sein; Arbeitszeit vergeht, Sklaven gehn ihrer Wege (Mt. 6,26).

„Dann treten unzählige andere an ihre Stelle, machen alles genau wie sie, gehen den gleichen sinnlosen Weg und verschwinden wie jene verschwunden sind − um Platz zu machen für andere und wieder andere, für unzählige Millionen, die dem gleichen dürren Pfad durch die gleiche Wüste folgen und das erreichen, was die Unzähligen vor ihnen erreicht haben — nichts!" (*Mark Twain* : „Autobiographie", 1959)

Andeutung oder nur Bedeutungsdeutung?

In letzter Zeit und nicht nur in eigener Sache haben Beckett, Rühmkorf und Enzensberger noch einmal nachdrücklich die Kunstwerke verteidigt gegen ihre beflissenen Interpreten auf Schulen und Hochschulen. Was zwischen einem literarischen Text und seinen Lesern, zwischen einem Bild und seinem Betrachter, zwischen einem Musikstück und seinem Hörer vermitteln möchte, trennt beide in aller Regel eher voneinander. Die Interpretation tritt zu selten in den Dienst des ästhetischen Gebildes und zu häufig in Konkurrenz zu ihm; sie überwuchert und erdrückt ihre Vorlage, statt sie deutlicher vorzustellen. Im Allgemeinen verstehe ich weniger ein Gedicht durch seinen wissenschaftlichen Deutungsversuch hindurch als vielmehr eher umgekehrt die Deutung durch das Gedicht hindurch. Ein gutes Gedicht verdeutlicht seine dunklen Deutungen. Die Interpretationen sind dunkle Andeutungen, die ihre Auflösung finden in den Versen, die sie zu dechiffrieren vorgeben, aber das zu lüftende Geheimnis steckt weniger in der Lyrik als im Kopf ihrer Sterndeuter.

Die ästhetische Auslegeware verrät in aller Regel mehr von der Prätention des Interpreten als von der doch wenigstens prüfbares Werk gewordenen Eitelkeit des Künstlers, und während der Künstler in seinem Werk, wenn es gelingt, verschwindet, trumpft sein Interpret erst so richtig in seinen Bemühungen auf. Gedichte von zehn Zeilen Länge provozieren Auslegungen von zehn Seiten Umfang, als würde der Dichter einwickeln, was sein Leser umständlich auszuwickeln hätte, während er doch in Wahrheit entfaltet, was im Leser einfältig verborgen liegt. Und diese Bedenken sind ja leider noch nicht dadurch ausgeräumt, daß sie so alt sind wie die Kunst selbst, soweit sie überliefert ist. Kunstwerke, die ihre Deutungen nicht überleben, haben es verdient, interpretiert zu werden, aber moderne Kunstwerke werden übertroffen von der Kunst ihrer Interpretation.

Lesen ist Interpretieren, und das Interpretieren dieser Interpretation ist die Lektüre von Wichtigtuern, die weder Dichter noch Denker zu werden vermochten. Wer weniger lesen als gelesen werden will, ohne selbst schreiben zu können, wird Kunstinterpret. Das Schlimme aber an 99 % aller hermeneutischen Überanstrengungen ist nun nicht, daß sie Interpretationen statt Lektüren sind, sondern daß sie erzschlechte Interpretationen guter oder schlechter

Werke sind. Mancher meint, wenn er ein schlechtes Werk schlecht interpretiert, dann habe er es besonders angemessen und passend behandelt oder gar verbessert.

Der Lyrikleser bewundert Richard Alewyns Deutung eines Eichendorff-Gedichtes ganz zu Recht und bleibt doch zwiespältig, weil er beschämt ist, daß er aus dem Gedicht nicht selbst herausgelesen hat, was der Literaturwissenschaftler dort fand. Was soll er nun aber mehr bewundern, das Gedicht oder seine Entzifferung? Der ratlose Leser bleibt hochachtungsvoll und mißtrauisch zugleich. Hochachtungsvoll, weil der Professor so viel mehr aus dem Dichterwerk herausholte als der Leser des Gedichtes und der Interpretation, oder als dort wirklich im Gedicht drinsteht. Mißtrauisch, weil jede Interpretation, auch die inspirierteste, nur eine mögliche Lesart unter anderen oder über anderen ist, und weil sie den schlichten Leser beschämen will. Der hermeneutische Sadismus unter der Maske eines selbstlosen Dienstes an Text und Leser findet immer neue Verkleidungskünste. Die Interpretation von Kunst kann eine Kunst sein und eine Wissenschaft, aber die Kunst der Interpretation wäre selbst zu interpretieren.

Was über philologische Textsicherung, über Variantensammlung, gelehrten Anmerkungsapparat und literaturgeschichtliche Querverweise und Fingerzeige hinausgeht, ist oft amusische Wichtigtuerei verhinderter Künstler und verkrachter Philosophen. Der Feinsinn der Kenner hat mit dem Grobianismus des Könners wenig zu tun, von der Finesse des Artisten und der Grobschlächtigkeit der Experten ganz zu schweigen. Moderne Kunst ist Interpretationskunst ohne interpretiertes Werk : concept art. Werk ohne Deutung oder Konzept ohne Werk sind im Kern dasselbe.

Gedichte versteht nur, wer Gedichte schreibt.

Psychoanalysen von Dichtern und von Gedichten gibt es im Übermaß, die viel notwendigere Psychoanalyse ihrer Interpreten und ihrer Interpretationen steht leider aus, weil sie viel ergiebiger wäre und die erwünschte Nebenwirkung haben könnte, daß danach zwar nicht besser, aber wenigstens weniger interpretiert würde. Die psychoanalytische Deutung der Träume von Kunstdeutern wäre ungleich aufschlußreicher als jede Kunstinterpretation selbst. Der unbezähmbare Drang, Gedichte besser zu verstehen, als Dichter und Leser das tun, harrt noch der Deutung - durch Dichter und Leser.

Ein Roman, der den Leser nicht freier macht, indem er ihn fesselt, sondern ihn betäubt, weil er ihn nicht gefangennimmt, wird auch durch noch so gutgemeinte Textanalysen nicht lesbarer, aber ein Roman, der die Wissenschaft weniger begeistert als sein Publikum, ist auch durch noch so tiefschürfende Exegesen nicht von seinen Anhängern zu trennen.

Wenn ich Heideggers „Erläuterungen zu Hölderlins Dichtung" lese, tue ich das in der Hoffnung, mehr von Heidegger als über Hölderlin zu erfahren. Wenn mich Hölderlin interessiert, werde ich Hölderlin lesen und nicht gerade, was Heidegger über Hölderlin denkt. Wenn ich Kafka verstehen will, lese ich alles Mögliche, nicht zuletzt Kafka selbst, alles, nur nicht seine Interpreten in ihren abertausend ambionierten Paraphrasierungen und unfreiwilligen Kafka-Parodien. Besser lese ich die Biographie, die sein Freund Brod über ihn verfaßt hat, wenn ich nicht weiß, welches das 'Gesetz' ist, vor dem K. steht.

Die Hermeneutiker haben uns darüber belehrt, daß jede Interpretation gerade so viel aus einem Text herausholt, wie sie in ihn hineinsteckt, daß sie nicht mehr ist als das hartnäckige Vorurteil über den Text, das sie ständig vom Text bestätigen oder korrigieren läßt, und daß eine Textvorlage nur zu dem spricht, der ihr selbst etwas zu sagen hat.

Wahre Originalität ist die hohe Kunst gezielter und fruchtbarer Fehlinterpretation und produktiver Überinterpretation. Wie es in den Wald vor lauter Bäumen hineinruft, so anders schallt es heraus. Genauer: Man lese nicht aus dem Urtext nur heraus, was man in ihn hineinliest, aber niemand liest aus einem Buch etwas heraus, wenn er nichts Eigenes hineinliest. Ich lese etwas anderes heraus, als ich hineinlese, aber wer nichts hineinliest, kann nichts herausholen, wenn er nichts hineinzustecken hat. Was an Deutung in einen Urtext investiert wird, ist zumeist nicht bedeutend genug, um dem Text tiefere Bedeutungen zu entlocken. Die meisten Interpretationen sind nicht, wie ihnen fälschlich vorgerechnet wird, zu subjektiv, sondern zu wenig subjektiv, um wirklich an die Objektivität des fraglichen Kunstwerks genug heranzureichen. Entweder beten sie in schlechteren Worten nach, was besser schon in der Vorlage steht, oder sie reden am Text und am Leser vorbei, ihren fixen Ideen nach dem Munde und mit sich selbst.

Natürlich kann ich mich mit mir selbst unterhalten, mit meinen Macken durch den Text und durch meinen Zuhörer hindurch, aber dafür sollte eine neue Bezeichnung gesucht werden. Der literarische Text, um diesen leicht banausischen Ausdruck zu benutzen, wird zum bloßen Belegexemplar der

Lieblingsphrasen und fixen Ideen des eifrigen Deuters. Besonders Deutsche deuteln gern undeutlich an bedeutenden Texten herum, statt sie zu lesen oder selber welche zu schreiben oder Andeutungen zu verstehen, und die vielgeschmähte 'tiefere Bedeutung' überlebt in den 'textualen Sinnstrukturen'.

Interpretation ist weder ganz Ohr noch eine Geburtszange, sie ist meist keine Demut vor dem Original, sondern die Rache der puren Impotenz am Schöpferischen, wie ebenso oft wie zutreffend notiert worden ist. Gemeinhin beweist sie nicht, wie der Text zu lesen ist, sondern was er in einem Kopf auch anrichten kann, ohne dafür verantwortlich gemacht werden zu können. Interpreten pflegen zu wenig vom objektiven Gehalt der Werke zu profitieren, um genügend viel subjektive Voreingenommenheit in das Werk investieren zu können; sie haben dem Werk nichts Amortisationsfähiges zu bieten.

Interpretation, die sich nicht von vornherein als ebenso begründete wie bisher übersehene Lesart-Alternative vorstellt, ist Usurpation, die andere Lesarten gewaltsam verdrängen will, und setzt voraus, daß der Sinn eines Schauspiels sich keinem Theaterzuschauer und Schauspieler enthüllt, sondern allein dem Linguistiker am Schreibtisch oder dem Psychodramaturgen.

Mit anderen Worten: Der Interpret ist nicht der bessere Leser, sondern er ist der Analphabet, der langsamer kapiert und sich daher als der wahre Leser aufspielt. Der Leser eines Romans interpretiert ihn, indem er ihn liest, aber sein Interpret liest ihn nicht. Er interpretiert, weil er nicht lesen kann und um nicht lesen lernen zu müssen; er verbessert den Text durch einen schlechteren. Will sagen: Der Interpret ist zu schwerfällig deutsch, um auf Deutungen verzichten zu können. Natürlich kann die zweite Lektüre Schönheiten entdecken, die der ersten entgangen sind, ohne deshalb mißverstanden haben zu müssen, aber 'Erläuterungen zu Schillers „Wallenstein"' wollen den Dramentext durch einen Sub- oder Metatext ersetzen, der angeblich in ihm versteckt ist wie die Rosine in den Teigbergen. Wenn der Künstler hätte sagen wollen, was sein Ausleger ihm unterstellt, dann hätte er auf das Kunstwerk verzichtet und das Interpretament als Exposé stehenlassen. Die Schulinterpretation ist nicht Heiligenschändung, aber leider zeugt die Abwehr der Interpretation meist erst recht von Mangel an Kunstverständnis. Die methodisch kunstgerechte Schulinterpretation eines Textes ist die Fabrikation eines schlechteren Textes mit dem Anspruch, der eigentliche, durch die künstlerische Form verdunkelte Urtext im Text zu sein. Original und Erklärung unterhalten geheimnisvollere Beziehungen als die Bestandteile des Werkes untereinander. Unter dem Vorwand, die wahre Bedeutung eines Buches zu enthüllen, beansprucht seine Besprechung, die Form des Werkes interpretativ zu überbieten oder wenigstens doch die Form, die das Buch im Kopf eines Lesers annimmt. Anders herum : Die beste Textanalyse, Interpretation und Kritik eines Buches ist ganz einfach das Schreiben eines besseren Buches. Entweder ist eine Kunsterklärung wahr oder falsch, in beiden Fällen ist sie überflüssig. Nicht wahr, der Hermeneutiker will auf etwas am Text hinweisen, das sich der Lektüre verschließt, und will richtig lesen lernen, wo er doch nur den literarischen Appetit verderben hilft.

Ich lese ein Gedicht, um seine Interpretation nicht lesen zu müssen, und lese eine Interpretation, um kein Gedicht lesen zu müssen. Da zu wählen ist, lese der Leser lieber falsch wie bisher, als sich durch unbedeutende Bedeutungsdeuter das Lesen verleiden zu lassen. In dieser Allergie des Lesers gegen den Interpreten steckt nicht die Angst des Bauches vor der Verkopfung, sondern die Angst eines Kopfes vor seiner Enthauptung durch Hand und Fußnoten des banausischen Deuters. Man liest trotz der Deuter, und wer nicht liest, tut das zu oft wegen der Deutungen. Was hat der Interpretator anderen Ehrgeiz, als gewöhnliche Leser und Künstler als bloße

Dummköpfe hinzustellen? Was wir da erleben, ist kein edler Wettkampf zwischen den Deutern, sondern stets der wissenschaftliche Sieg des Deuters über Leser und Autor zugleich. Die Lesehilfe ist geheime Sterbehilfe am Werk und Kunden. Jeder bessere Text erweist doch seine Qualität dadurch, daß er seine Interpretatoren immer noch besser interpretiert, als er von ihnen interpretiert wird. Der beste Text duldet und fordert so viele Lesarten, wie er vergangene und künftige Leser findet, aber der schlechte Text verträgt nur eine einzige Lesart – die seines berufenen Hermeneuten vom Amte.

Wer Gedichte und Romane nun weder lesen noch interpretieren mag, schreibe sich selbst welche. „Meine Sätze erläutern dadurch, daß sie der, welcher mich versteht, am Ende als unsinnig erkennt, wenn er durch sie – auf ihnen – über sie hinausgestiegen ist", schrieb L. Wittgenstein. Aber welcher Liebhaber will die Leiter schon wegwerfen, auf der er aufgestiegen ist zum Schaufenster der Schönen? Bedeutsam ist, daß es ebenso viele schlechte Deutungen guter Werke wie bedeutende Deutungen unbedeutender Werke gibt, und daß es nicht mehr bedeutende Deutungen als bedeutende Kunstwerke gibt, also verschwindend wenige. Aber Auslegungen verschwinden nicht in den Werken, sondern Werke in ihren Auslegungen. Es gibt ebenso viele schlechte

Kunstwerke wie mittelmäßige Werkanalysen, also wie Sand am Meer. Interpretationsbedürftig, durch die Werke selbst, sind immer nur die Interpreten. Nur eins ist noch schlimmer als Gedichtinterpretationen − Gedichte auch ohne Interpretation nicht zu lieben und zu verstehen.

+ + +

Die Kunst, für Kunst Geld einzuwerben

In meinem traditionell sozialdemokratischen Bundesland soll es etwa eine Hundertschaft literarischer Schreibkräfte geben. Getreu der progressiven Devise, daß auch und gerade der Kulturschaffende nicht länger im Verborgenen verblühen soll, trauen sich die Künstler an die Öffentlichkeit, indem sie sich an die öffentliche Hand wenden. Um nicht wieder wie im letzten Jahrhundert zu stillschweigenden Komplizen allbeherrschenden Unrechts zu werden, macht der lauteste Stille im Lande nun endlich den Mund auf, aber nur, indem er die Hand aufmacht.

Er erklärt der Gesellschaft den Krieg, indem er erst einmal in die *Friedensbewegung* eintritt wie in einen Verein, der seiner literarischen Karriere förderlich sein soll. Er will Frieden, aber erst einmal Geld, und zwar dafür, daß er für den Frieden ist. Wenn der Staat kein Wettrüsten mehr finanzierte, könnte er endlich die Aufrufe seiner Künstler zum Weltfrieden finanzieren. Obwohl Friede herrscht, ist nicht genug Geld da für Friedenskünstler, und solange für die keine Knete da ist, muß Krieg herrschen zwischen ihnen und ihrem Staat. Genug Geld für sie wird erst da sein, wenn sie überflüssig sein werden; so desolat ist die Lage der Umweltkünstler.

Einerseits sind sie dem Staat dankbar, daß sie überhaupt Geld von ihm bekommen, andererseits sind sie ihm gram, daß es nie genug ist. Dem Vorwurf, sie könnten durch die Staatshilfe korrumpiert werden, ist dadurch begegnet, daß sie sich mit den paar müden Mark oder Euro, die Rabenvater Staat für sie übrig hat, nie zufriedengeben werden. Damit ist die moralische Seite der Frage erledigt, und die Tatsache, daß die Schriftsteller vor allem Bittsteller sind, ändere ja an ihrer staatlich anerkannten Staatsfeindlichkeit nicht das mindeste. Man sagt uns : Wie kann diese subventionierte Subversion korrupt sein, wo sie sich mit den empfangenen Almosen doch nie zufriedengeben wird? Schneiden sie der Regierung, von der sie Geld nehmen, nicht hinter dem Rücken Gesichter, um sich selbst und uns ihre geistige Unabhängigkeit zu beweisen? Das Einzige, was diese redseligen Antichambrierer ihrem Mäzen vorwerfen, ist seine ewige Knickrigkeit : Er gibt ihnen nicht genug Geld, um ihre Attacken gegen ihn zu finanzieren. Das Geld, das für die Wettrüstung ausgegeben wird, sollte besser all jene ernähren, die gegen Wettrüstung hingebungsvoll anschreiben und anbasteln, antanzen und antöpfern.

Dem Staat ist aber nicht vorzuhalten, daß er Künstlern Steuermittel schenkt, damit sie aufhören, Künstler zu sein; den Musen ist vorzuhalten, daß ihre Liebeskunst sie zu Staatshuren macht, wenn sie den Überlebenskünstlern eingeben, nur noch Staatstheater zu spielen. „Die elenden Skribenten" (Koeppen), bekommen sie nun Knete, weil sie Künstler sind oder weil sie für den Frieden sind oder damit ihre Clique eine Claque ist? Was kann das für eine Kunst sein, die der Staat für ihre Liebesdienste bar bezahlt? Es kann keine entartete Kunst sein, und sie ist nicht gut genug, sich aus eigener Kraft ein zahlungswilliges Publikum zu erobern. Das unterscheidet dieses Kunstgewerbe vom Gunstgewerbe. Vater Staat ist einziger Dauerfreier dieser Musen, die es gut aushalten, sich vom Staat aushalten zu lassen, um ja nicht arbeiten gehen zu müssen. Diese zarten Pflänzchen sind recht harte Parasiten.

„Workshops" sollen Nähe zu Werktätigen vorgaukeln, die diesen konkurrenzunfähigen Kram nicht wollen und doch bezahlen müssen. Literaten sind offenbar inzwischen ein zum Aussterben verurteilter Menschenschlag, der unter ökologischen Artenschutz zu stellen ist, um das asoziale Biotop zu erhalten. Schwerter zu Federn, mehr Geld für Steuergeldkunst am Überbau!

Wen stört es, daß staatlich subventionierte Kunst schon ohne jede Zensur nichts als Staatskunst ist? Der Geist biedert sich wieder der Macht an, um zu zeigen, daß er Ungeist ist, also bloßer Zeitgeist. Und wenn keine Arbeit für uns da ist, sollen wir lieber auf Staatskosten schreiben und schauspielern als Punker werden, die alles kaputthauen, heißt es.

Die Revolution besteht für Künstler offenbar neuerdings darin, vom Staat so lange Knete zu verlangen, bis der bankrott zusammenbricht.

„In des Waldes finstern Gründen ..."
Im Land der uneleganten Waldschrate

Zur Einstimmung in ein so stimmungsvolles Thema hier erst einmal einige stimmige „Stimmen der Völker" :

„Der Wald ist die Urheimat der Barbarei und der Feind des Pfluges, also der Kultur."
(August Strindberg)

„Der Stiel der Axt kehrt sich oft gegen den Wald, aus dem er kommt." *(Ahiquar, 8. Jh. v. Chr.)*

„Holz in den Wald zu tragen ist töricht."
(Lateinisches Sprichwort)

„Für die Laus ist ein Bart schon ein großer Wald."
(China)

„Manche gehen in den Wald und sehen nirgendwo Holz." *(Mongolei)*

„Ein Baum, den man fällt, macht mehr Krach als ein Wald, der wächst." *(Tibet)*

„Ein gelehrter Bär kommt im Wald nicht weit."
(dt. Sprichwort)

„In einer Gegend, in der Waldfrevel nicht
vorkommt, hat der Wald keinen Wert."
(Marie von Ebner-Eschenbach.)

„Die vielen Bäume und die wenigen Menschen –
die machen den Wald so schön." *(Otto Weiß)*

„Phantasie hat ein Recht, im Schatten des Baumes
zu schwelgen, aus dem sie einen Wald macht."
(Karl Kraus)

„Deine Seele ist ein dunkler Wald. Aber die Bäume
sind von besonderer Art : Stammbäume."
(Marcel Proust)

„Wir halten den Wald für etwas,
das Waldwege umgibt." *(Michael Richter)*

„Es schallt selten aus dem Wald heraus,
was man hineinwirft." *(Oliver Tietze)*

„Wie man in den Wald hineinschweigt,
so horcht es heraus." *(Peter Horton)*

„Je tiefer man sich im Wald verirrt, umso inniger
liebt man seinen Nächsten." *(Arthur Feldmann)*

„Rettet den Wald, esst mehr Biber!" *(Anonymus)*

„Wo der Wald endet, beginnt der Wald."
(E. H. Bellermann)

Wald ist eine ausgedehntere Pflanzenformation, in der heute mehr Tiere als Leute leben und angeblich ökologischer Friede herrscht, solange menschliche Fett- und Wurstfinger dort nicht eingreifen. "Man sieht vor lauter toten Bäumen den Wald nicht mehr", aktualisierte Ulrich Urckenbrecht seinen Musarion-Wieland. Heute sieht man eher die analysierbaren Bestandteile nicht mehr vor lauter ganzheitlichem Geschwafel. Manche sehen bis heute vor entlaubtem Wald nicht mehr die Bäume der Erkenntnis und den altdeutschen Wald vor lauter Aufbäumen gegen seine Todfeinde nicht mehr.

Hierzulande gehen erwachsene Eingeborene in die *Waldschule* und meditieren mit waldeinsamen Tieren. Aber „Deutschlands größter Wald ist der Papierdschungel" (Köditz) aus Büchern gegen sein Sterben. Seit Jahrzehnten stirbt der einheimische Wald unaufhaltsam, klagen Grüngurus. Wenn der Umweltreport 2000 des *Club of Rome* wahr wäre, müsste er längst unter der Erde sein.

Bei keinem anderen Volk hatte er je einen tieferen Gemütswert als hierzuvaterlande, ganz unabhängig vom forstwissenschaftlichen Gesichtspunkt und Jägerlatein. Der Wald ist nirgends grüner und finsterer, unergründlich tiefer und geheimnisvoller, ein Lieblingsort der Verirrten, Verwirrten und Verworrenen, der Zweifler und Unentschiedenen, ein Versteck für flüchtige Gutmenschen wie Bösewichte, ein Eldorado der Wilderer und schießwütigen Waidmannsheiler, ein Tummelplatz der Kobolde, Wurzelzwerge und Lokalgeister, der nächtlichen Tanz-Elfen, Faunjäger und Wunschfeen auf mondbeglänzten Zauberlichtungen, ein Schreckensort wilder Untiere und heilsam gefährlicher Hexenkräuter. Aus dem germanischen Urwald wurde inzwischen eine zahme Kulturlandschaft, die aber noch immer den Urwelttraum derer hervorbringt, die von der anstrengenden Kulturzumutung überfordert sein wollen.

Gepflegte Waldwege endeten früher urplötzlich in der Unwegsamkeit von Unterholz und ausweglosen A-porien, heute nur bei Ruhebänken mit Stifternamen. Der Wald ist etwas, was in armen Ländern abgeholzt und abgefackelt wird, um Heroin-Mohn anzubauen, in reichen Ländern aber ein Sehnsuchtsort aller schwärmerisch Entwurzelten und unkultivierten Waldschrate.

Ich ging im Walde so vor mich hin, und Sinn zu suchen, das war mein Sinn, raunt der neuprogressive Naturfex.

Wer heute durch den schönen grünen Wald latscht, weiß gewöhnlich nicht, wem der gehört. Neben einigen Staatsforsten gibt es auch nach allen Revolutionen und Weltkriegen noch immer *Waldbarone*, die von saurem Regen entlaubte Wald- und Wiesenbäume mit beantragten Steuergeldern durch teure Übersee-Edelhölzer ersetzen dürfen.

„Der Wald hat Ohren, das Feld Augen". Die Vormenschen bis zu unseren Vorfahren hockten in lichtdichten Wäldern auf den Bäumen, ehe sie den aufrechten Gang in die sichtfreie Steppensavanne voller gefährlich nahrhafter Großtiere wagten. Der unbewirtschaftete Urwald war ein lichtscheu labyrintisches Großgestrüpp, das Schlachtfeld der Unübersichtlichkeit und ein einziger Abgrund des chaotischen Durcheinanders. Aus ihren Wäldern heraus wehrten sich Frei-Germanen bis zuletzt gegen das römische Reich und (bis heute gültige) römische Recht und gegen die römische Kirche danach.

Heute ist der Wald zugleich ökonomisch bewirtschafteter Nutzholzlieferant und eine Erholungsinsel für feinstaubverklebte Stadtlungen. Die Stadt ist unser bevorzugter Arbeitsplatz und Vergnügungsort, der Wald aber unser nie entmythologisierbarer Sehnsuchtsort. Und nachtdunkler Tann versorgt uns mit alljährlichen Weihnachtsbäumen. Von drauß´ vom Walde komm ich her, bring euch neue alte Mär …

Der hiesige Wald gilt als kollektiviertes Wunschbild gesellschaftlichen Zusammenlebens und Zusammenstehens, jedermann ein Baum von Kerl, der vorm Förster strammsteht wie eine Eins, nicht zu nah am Nächsten und nicht zu fern vom Nachbarn, so dass sie einander nicht Himmelslicht und Bodenhaftung wegnehmen, hochaufragend in lichten Äther und tief verwurzelt im dunklen Erdreich. Der denaturierte Betonwüstenbewohner erlebt dort „hautnah" noch naturbelassene Pflanzen und Tiere, astreine Luft und vogelzwitschernde Grabesstille.

Nun ruhen alle Wälder, nur nicht ihre Feuermelder.

Das Waldesrauschen macht unsere Alt-Na(t)iven süchtiger als Meeresrauschen, fern von Stadtstickluft und Landwirtschaftsgedröhn. Die Romantik hatte ihn zu Beginn des dreckigen Industriezeitalters wiederentdeckt und unheilvoll aufgeladen als Allheilmittel und mythische Wunderwaffe gegen die Kollateralschäden der damals brandneuen Maschinenzivilisation. Auf Bestsellerlisten schaffen es bis heute wieder Titel wie „Gebrauchsanleitung für den Wald", „Vom geheimen Leben der Bäume" und „Privatwald optimal bewirtschaften".

Die *Grüne Front* marschiert.

Ist der alte Wald noch ein letzter rechtsfreier Schutzraum für Helden oder Räuber, Menschenjäger und Gejagte, Flüchtlinge und Verfolger, wie noch im Dreißigjährigen Krieg?

Der Wald : Das Unsicherste in freier Wildnatur ward im Krieg zum Sichersten vor der Gesellschaft.

Britannia rules the waves, Marianne logiert in der eleganten *cité de lumière,* und Wotan haust in den Wäldern der joggenden Freiluft-Schrate, wo sich Rehlein und Uhu gute Nacht sagen.

„Waldesrauschen, Waldeslust,
bunte Märchenträume,
oh, wie labt ihr meine Brust,
lockt ihr meine Reime!"

Negativer Positivismus

Der Positivismus ist jene antimetaphysische Metaphysik, die das vom männlichen Geist vorweg Präparierte und Abgerichtete für das unmittelbar Gegebene ausgibt, ein verschämter Idealismus, der als der wahre Mater-ialismus auftritt, genauer : extremer Rationalismus in der Maske des radikalen Realismus. Der gewitzteste Verstand gibt vor, in demütig registrierenden Protokollsätzen die Phänomene vorurteilslos entgegenzunehmen, ohne Zutat und Abstrich, nur das zu sammeln und zu klassifizieren, was sich von sich aus zeigt und darbietet. Dabei verbirgt er vor sich selbst, daß er nur das aus den nackten Fakten und elementarsten *sense data* herausholt, was er zuvor in sie hineingesteckt hat: seinen Ständer. Die Natur läuft so herum, wie der Positivist sie haben will : als Objekt taxierender Vergleiche zur Miss Welt quantifizierbar, zerlegbar in Maße, Kurven und Reizstimuli.

Das männliche Subjekt tut so, als richte es sich passiv-feminin nach seinem Liebesobjekt, während in Wirklichkeit das dem voyeuristischen Betrachter vermeintlich Vorgegebene eo ipso das bereits von seinen Vorlieben Abgerichtete ist, das auf seine Absichten hin Zugerichtete, auf das er seinen Phallus richtet. Mutter Natur hat sich freiwillig-unfreiwillig ja immer schon nach seinen eigenwilligen Wünschen gemodelt und zurechtgemacht, bevor sie ihm vor Augen tritt, um genommen oder abgewiesen zu werden. Frau Welt gibt sich so (hin), wie man(n) sie haben will, sie antwortet mit nichts als *stubborn facts* auf die maskulinen Pläne, nur noch Abbilder nackter Tatsachen zu wollen. Was sich dem Auge des Positivisten als *factum brutum* aufdrängt, ist aber genau das, was von Frau Welt übrigbleibt, wenn man sie auf das hin abklopft, was sie als elementares Sexualobjekt bloßer *Protokollsätze* hergibt. Der Geist nimmt sie nur so auf und an und wahr, wie er sie zuvor zurechtgestutzt hat, damit sie ihm in den Kram paßt. Analytisch beurteilt, ist der positivistische Elementarfakt ein analsadistisches Artefakt, das Ergebnis bloßer Projektion : Für reine, unverfälschte, sich willig hingebende Mater-ie und für jungfräulich unberührte Natur wird ausgegeben, was vorweg zum wehrlosen Mater-ial virilistischen Machtwillens depotenziert wurde. Für ewigweiblich wird erklärt, was nur Produkt männlicher Herrschaftswünsche ist. Der männliche Positivist auf der Suche nach unverfälschter Mutter Natur, der er sich anschmiegen kann, projiziert seine eigene homosexuelle Weiblichkeit auf die reine Mater-ie, wälzt seine Passivität auf sie ab, um als reiner, starker, viriler Geist übrigzubleiben, der sich der weiblichen Mater-ie vergewaltigend bedient unter dem Anschein, den Eigenwillen der Natur nachzeichnend hörig zu respektieren. So versteckt er seine aggressive He-Männlichkeit hinter weiblicher Hingabe an nackte Fakten.

Er nimmt sie und tönt, sie wolle genommen sein; das Positive gibt sich, weil es genommen wird, weil es enthüllt, aufgedeckt und defloriert wird. Tatsächlich trifft er nur auf sich selbst, wo er einer *Materie* begegnet, die sich, um in seiner Welt überhaupt zu überleben, seinen Geschmacksdiktaten gebeugt hat, noch bevor sie sich dem beurteilenden Blick aussetzt, der über ihre Karrierechancen im positivistischen Weltbild entscheidet.

Es ist die Angst vor der Übermacht der archaischen *phallischen Mutterimago* des Seins, die den kleinen Jungen zur überkompensatorischen Bewertung seines Phallus treibt, zum brutalen deutero-phallischen Narzißmus (Ernest Jones), der in die homosexuelle Attitüde frauenverachtender Phallizität treibt, eine Attitüde, die sich verkleidet als ausgesuchte Ritterlichkeit, als Zuvorkommenheit und Treuepose, als Vollstreckungswerkzeug weiblicher Wünsche der elementaren Natur, als rachsüchtiger Hiwi ihrer andressierten kapriziösen Launen, die so wenig elementar sind wie die nackten Tatsachen, die da abphotographiert werden für einen Pornofilm des nackten ungeschminkten Lebens, dessen Stellungen alle gestellt sind.

Allgemeinheit und Individuum

War das vorsokratisch All(en)gemein(sam)e der ebenso vielfältigen wie vergänglichen Naturphänomene selbst eine Naturerscheinung u.a., sofern alles Menschenwerk selbst nur als Stück Natur gedacht war? Die Dinge kommen und gehen, was bleibt aber, sind Elemente wie Wasser, Feuer, Luft oder Erde? Alles kommt aus Wasser, Luft, Feuer, Erde und geht dahin zurück. Bei *Plato* ist das Allgemeine ein Sein sui generis, eine Übernatur als Naturgesetz: Wesenheit und Begriff zugleich. *Aristoteles* kann das Universelle vor dem geistigen Auge, weil in den Einzelwesen sehen, nicht jenseits davon für sich. Es gibt Pferde, nicht das Pferd als solches. Bei *Thomas* von Aquin ist das Allgemeine das Katholische : *vor* den Einzelwesen in Gottes Kopf, *inmitten* der Einzeldinge und *nach* ihnen im menschlichen Hirn. Sein Gegenspieler *Duns Scotus* pointiert den kontingenten Einzelwillen gegen notwendiges Allgemeinwissen : der erste Existenzialist der Philosophie, mitten im Mittelalter über dieses hinaus. Bei *Spinoza* ist die Mutter Natur das Allgemeine all ihrer besonderen Modi und Attribute und Kinderchen, die schließlich wieder in ihrer Alleinheit verschwinden. Spinoza hatte wie *Pascal* die eigene leibliche Mutter (zu) früh verloren — und beschwor sie philosophisch wieder herauf gegen den Vatergott oder ineins mit ihm, was die Kirche ihm verübelte als unerträglich pantheistisch-atheistische Konfusion von Gott und Frau Welt.

Descartes trennt mit allgemeiner *res cogitans* und einzelner *res extensa* zwei abgrundtief verschiedene Ursubstanzen. Bei *Leibniz* ist das Universale in jeder Einzelmonade ganz darin; *Hume* kennt in der Realität nur Einzelwesen : Universalien seien keine Wesenheiten in Dingen, sondern Begriffe im Kopf.

Für *Kant*, der den empiristischen Hume und den rationalistischen Leibniz vereinen wollte, ist das Allgem'Eine (als Einheit aller Einzelheiten) im Verstand, die Vielfalt in den Sinnen. Der Mensch führe ein Doppelleben in sinnlicher Vielfalt und verständiger Allgemeinheit, aus Naturkausalität und Vernunftsynthesis. Freiheit wird gedacht als Befreiung von der sinnlichen Mannigfaltigkeit durch die Vernunfteinheit. Die allgemeine subjektive Form prägt einen besonderen objektiven Inhalt. Auch das Ich selbst ist vernünftige Einheit sinnlicher Fülle. Bei *Fichte* setzt die Vernunft die Naturvielfalt selbst: Vernunfteinheit ist in sich Naturdifferenz. Das Viele in der Außenwelt ist bloßer Bewährungsrohstoff für die immer gleiche sittliche Pflicht.

Bei *Schelling* ist Freiheit nur Freiheit der Naturvielfalt von der ur-vernünftigen Einheit, das einzelne Sein sprengt da die AllgemEinheit des Bewußtseins. Bei *Hegel* ist die AllgemEinheit nur Einheit, indem sie die Einzelheiten erst selbst aus sich hervorbringt und sich in diese Einzelheiten *ergießt*, deren Einheit sie darstellt. Bei **Kierkegaard** ist am Aufstand gegen die vernünftige AllgemEinheit wichtiger die Einzelheit als deren Naturhaftigkeiten. Für **Schopenhauer** rationalisiert die Vernunft lediglich den Naturwillen: Das Allgemeine ist selbst Natur und Wille. Es sterben die Individuen, es lebe die Gattung (und der Gattungsbegriff)! Platos Idee wird Begattung, die sich in Gattungsbegriffen nur rationalisiere. Die Vernunft sei ein Widerstand gegen die Natur-Allgemeinheit und natürliche Selbstverallgemeinerung der Lebewesen. (Ratio = Nichts + Antiphysis) **Adorno** verteidigte individuelle subjektive Natürlichkeit gegen den allgemeinen objektiven Zeitgeist, der alle vergewaltige.

Der frühe **Heidegger** rettet existentielle *Jemeinigkeit* und *Eigentlichkeit* des menschlichen *Da-sein* vor dem bloßen *Man*. Nach der *Kehre* steht das vielfältig Einzelseiende nicht primär im Begriffsumfang, sondern in einer *Seinsöffnung*. Explizit wird vom Universalienstreit nicht mehr geredet, sondern als schlechteste Bewußtseinsphilosophie abgetan. Die „Seinslichtung" aber scheint auf der Objektseite, was auf der Subjektseite einmal der Begriffsumfang war. Alles Seiende (Dinge wie Menschen) im Ganzen stehe im Seyn, das einzig und allgemein ist wie vormals nur der Begriff von ihm. Die eine Urvagina subsumiert die phallische Vielfalt erigierend-kastrierend unter sich? Proleten unterliegen, die Frau Welt liegt unten: **Bloch** kennt Allgemeinheit als Koalition aller Unteren mit der einen Mater-ie, die sie alle in die Welt gesetzt hat. Damit geht es gegen die paterialistische Gemeinschaft der Obertanen.

Bei **Sartre** ist die Einzelexistenz ein Geist gegen die Natur und ein Stück Natur gegen die Vernunft : Antiphysis und Irratio zugleich. Der Einzelne aber „retotalisiert alles Detotalisierte" und *erfindet* seine Gesellschaft gleichsam selbst. Die Existenz ist Selbstindividuation, eine spezielle Form von Verallgemeinerung, ein je *besonderes Allgemeines* : Die Gemeinschaft in der militanten Gruppe, die etwas Besonderes gegen die Allgemeinheit ist und etwas Allgemeinsames gegen jeden Einzelnen darin.

Wittgenstein kennt die Dialektik von Allgemeinem und Besonderem logisch. Das Ich als allgemeiner Begriff ist selbst eines seiner empirischen Objekte u.a., und jeder Gegenstand muß schon sein eigener Inbegriff sein. W. verneint diese Möglichkeit : Sprache ist das Allgemeine der Einzeldinge, aber über die selbst je besonderen *Sprachspiele* kann nicht wieder allgemeingültig gesprochen werden wie über die vielen Einzelwesen der faktischen Welt. Über das Allgemeine, das über das viele Einzelne urteilt, kann nicht selbst wieder geurteilt werden. Die Sprachspiele sind paradox wie Dinge *zweiter* Natur hinzunehmen oder eben keine Tatsachen mehr. Das allgemeine Urteil über Tatsachen ist selbst keine besondere beurteilbare Tatsache mehr.

Heideggers philosophischer Eros

Dieses Brevier ist nichts als eine Collage von Originalzitaten aus philosophischen Werken Heideggers, nicht etwa aus Briefen oder auch anderen privatbiographischen Dokumenten.

Die einzige eigene Zutat besteht aus der Art des Arrangements der unverändert wiedergegebenen Belegstellen. Dabei wurden die Passagen nicht soweit zerstückelt, daß sich durch Montage jeder beliebige neue Sinn daraus hätte konstruieren lassen. Heideggers berüchtigt dunkle Gedanken sollen durch den neuen Kontext nur bis zu einer Kenntlichkeit entstellt werden, die den wirklichen Sinn nicht durch willkürliche Unterstellungen verfälschen, sondern durch Verfremdung allererst freilegen will.

Dieser Kurzreader will die Lektüre der Werke nicht ersetzen, sondern anregen. Keinem der vielen Leser scheint bisher der Gedanke gekommen zu sein, Heideggers umstrittene Sprache einmal ganz ernst und wörtlich zu nehmen, sich seinen Assoziationen bei der Lektüre ganz zwanglos hinzugeben, statt die als esoterisch und gewalttätig verschrieene Diktion bewundernd nachzustammeln, höhnisch zu belächeln oder einfach in schulphilosophische Terminologie zu übertragen, um das Ganze leichter lesbar und kritisierbar zu machen. Heidegger-Interpreten werden dann in aller Regel more sophisticated als ihre Vorlage, die ganz zu Unrecht als abschreckend spröde und unverständlich gilt.

Wir werden zu beweisen versuchen, daß die Lektüre seiner Werke ein ausgesprochen sinnliches Vergnügen bereiten kann. Man darf nämlich Heidegger durchaus ähnlich lesen, wie Arno Schmidt in „Sitara oder der Weg dorthin" seinen Karl May gelesen hat. Sartre monierte, daß das von seinem Lehrer beschriebene menschliche Dasein „wie geschlechtslos" aussehe, was der Franzose dann in „Das Sein und das Nichts" (1943) korrigierte.

Doch möglicherweise war kein Denker seit Plato vom philosophischen Eros stärker beseelt als dieser „Ek-sistenzialist", der die Sexualia niemals zu den menschlichen „Existenzialien" zählte. Ist die sonderbare Kunstsprache, die Heidegger für seine Seinslehre eigens erfunden hat, vielleicht auch eine einzige philosophische Chiffrierung geheimer erotischer Phantasien, eine metaphysische Verkleidung höchst physischer Phantasmagorien, ein ächzender Kompromiß zwischen logischen und skatologischen Bedürfnissen des Autors und seiner Kunden, deren beider Unbewußtes hinter ihren Rücken miteinander kommuniziert?

Ein Teil von Heideggers Faszination könnte auf dem Genuß höherer Pornographie im unverdächtigen Gewande von Philosophie als Feigenblatt beruhen. Die Kabarettisten der späten Zwanzigerjahre müssen das geahnt haben, als sie aus dem „Platzhalter des Nichts" den „Zuhälter des Seins" machten. Heidegger: der dirty old man der Berufsdenkerei, geheimer Liebhaber einer kokett spröden Dame namens Sophie? Oder hier nur Opfer haltloser und abwegiger Projektionen, die mehr vom Satiriker verraten als von seinem seriösen Gegenstand?

Das „Seyn" auf Freuds Couch

Heidegger deutet Hölderlins Gedicht „Andenken" und schreibt: „Denn die Liebe ist der Blick für das Wesen des Geliebten, welcher Blick durch dieses Wesen hindurch in den Wesensgrund der Liebenden blickt. Doch dieser Wesensblick unterscheidet sich vom bloßen Beschauen, das im Genuß eines Anblicks sich erschöpft. Das Blicken des Geistes der Liebe bleibt nicht am Anblick haften, sondern heftet sich selbst im Wesen des Geliebten an, um dieses, durch das 'fleißige' Blicken, fest in seinen Grund zurückzustellen. Das anheftende Blicken der Liebe geschieht mit Fleiß, d.h. nicht nur in steter Sorge, sondern 'mit Absicht'. Allein diese Absicht ist nicht die Absicht der Berechnung. Sie entstammt dem Absehen des Wesensblickes auf den Wesensgrund der Liebenden. Dieses Absehen heftet alles an den Grund. Das anheftende Denken des Geistes der Liebe ist auch ein Andenken. Die Liebenden denken in das Wesen des Geliebten voraus und müssen doch stets dahin zurückdenken, daß sie selbst sich im zugedachten Wesen halten. Was die Liebe in ihrem Wesensblick erblickt, ist ein Bleibendes. Aber das liebende Erblicken ist kein Stiften. 'Was bleibt aber, stiften die Dichter'."

Hier wird noch keine Ehe gestiftet, sondern etwas, wir wissen noch nicht was, „im Festen des Ursprungs festgesteckt. Dies heißt: gestiftet. Demnach ist das Stiften das dem Ursprung sich nähernde Bleiben, das bleibt, weil es als der scheue Gang zur Quelle den Ort der Nähe nur schwer verlassen kann ... Das stiftende Wohnen ist das ursprüngliche Wohnen der Erdensöhne, die zugleich die Kinder des Himmels sind". Was ist das für ein „Stiftungsgrund"? „Grund nennt einmal die Tiefe, z.B. den Meeresgrund, den Talgrund, den Wesensgrund." Heidegger nennt den Humanismus: „Humus. Das ist der gewachsene Grund, der schwere, fruchtbare Erdboden ... Grund meint solches, wohin wir hinab-, worauf wir zurückgehen." Im „Humanismusbrief" wird dann Philosophie als Große Möge vorgestellt:

„Sich einer 'Sache' oder einer 'Person' in ihrem Wesen annehmen, das heißt: sie lieben: sie mögen. Dieses Mögen bedeutet, ursprünglicher gedacht: das Wesen schenken. Solches Mögen ist das eigentliche Wesen des Vermögens, das nicht nur dieses und jenes leisten, sondern etwas in seiner Her-kunft 'wesen', das heißt sein lassen kann. Das Vermögen des Mögens ist es, 'kraft' dessen etwas eigentlich zu sein vermag. Dieses Vermögen ist das eigentlich 'Mögliche', jenes, dessen Wesen im Mögen beruht. Aus diesem Mögen vermag das Sein das Denken. Jenes ermöglicht dieses. Das Sein als das Vermögend-Mögende ist das 'Mögliche'."

„Doch wir vermögen immer nur solches, was wir mögen, solches, dem wir zugetan sind, indem wir es zulassen. Wahrhaft mögen wir nur jenes, was je zuvor von sich aus uns mag und zwar uns in unserem Wesen, indem es sich diesem zuneigt."

„Die Zuneigung des Seins" und seine „Zuwendung" bewirken ein „dem Sein höriges Denken". Aber die Geliebte ist auch kokett: „Das Sein entzieht sich ... Wenn wir in das Ziehen des Entzugs gelangen, sind wir auf dem Zug zu dem, was uns anzieht, indem es sich entzieht." Das Sichzieren macht also seine Attraktivität fürs potente Vermögen aus: „Die Sehnsucht ist der Schmerz der Nähe des Fernen."

„Ansichhalten, Verweigerung, Vorenthalt zeigt dergleichen wie ein Sichentziehen, kurz gesagt: den

Entzug ... verweigernd-vorenthaltende Nähe." Den frühen Griechen habe das Sein sich offenbart als „Physis": „Die mächtige, weil göttlichschöne, weil wunderbar allgegenwärtige Natur berückt und entrückt. Das Zumal der Berückung und Entrückung ist aber das Wesen des Schönen." Der Dichter also liebt die Natur, „die Allerschaffende", „Allebendige" und „Allerglühende". Warum entzieht sich die Spröde und macht ihn „ver-rückt" nach ihr?

„Das Heilige als das Unnahbare wirft jeden unmittelbaren Zudrang des Mittelbaren aus seinem Vorhaben ins Vergebliche ... Aber seine Entsetzlichkeit bleibt verborgen in der Milde des leichten Umfangens." „Sein: der Ab-Grund ... 'Ab-grund' heißt das alles Verschließende, das von 'der Mutter Erde' getragen wird." „Die Erde läßt so jedes Eindringen in sie an ihr selbst zerschellen. Sie läßt jede nur rechnerische Zudringlichkeit in eine Zerstörung umschlagen." „Die Erde ist das zu nichts gedrängte Hervorkommen des ständig Sichverschließenden und dergestalt Bergenden." Im Umfangen geborgen ist das Menschenkind und doch zurückgestoßen von Mutter Natur?

„Realität ist Widerstand, genauer Widerständigkeit ... Widerstand begegnet in einem Nicht-durchkommen, als Behinderung des Durchkommenwollens. Mit diesem aber ist schon etwas erschlossen, worauf Trieb und Wille *aus sind* ... Das Aussein auf ... das auf Widerstand stößt und einzig 'stoßen' kann,

ist selbst schon, bei einer Bewandtnisganzheit ..."
Was hat es mit diesem stoßenden Trieb und seinem
Widerstand für eine Bewandtnis? Worauf „triebmä-
ßiges Sichbefinden" aus ist, sagt Heidegger in seiner
Logik. 'Logos' bestimmt er als 'lesende Lege': „Darin waltet das Zusammenbringen, sich niederlegen
in die Sammlung der Ruhe ... Doch diese Ruhe ist
bewegter denn alle Bewegung ... Legen heißt: zum
Liegen bringen. Legen ist dabei zugleich: eines zum
anderen, ist zusammenlegen ... Dies besagt: sammeln, eines zum anderen legen. Hierbei kann es
geschehen, daß das eine so zum anderen gelegt
wird, daß eines nach dem anderen sich richtet." Das
führe dann zur „Richtigkeit der Aussage" in der
„Angleichung des Subjekts an sein Objekt".

Lassen wir erst einmal auf sich beruhen, warum das
Sein, die Erde und die Natur sich dem Menschenkind verschließen: „Verborgenheit: ... Verschlie-
ßung, Verwahrung, Verhüllung, Verdeckung, Ver-
schleierung, Verstellung ..." „ ... indem Es, das Sein
sich gibt, ... erscheint Seyn anfänglich im Licht des
verbergenden Entzugs." 'Es gibt Sein': „Es gibt sich
und versagt sich zumal." Schließlich gibt es auch
erst beim späten Heidegger nach der berühmten
„Kehre" vom menschlichen Dasein zum „Seyn"
diesen „Schmerz des Versagens und die Schonungslosigkeit des Verbietens. Lastender ist die Herbe des
Entbehrens".

Sehen wir zu, was beim frühen Heidegger von "Sein und Zeit" (1926) die beiden machen, die da zusammenliegen. Ganz logisch: „Akte werden vollzogen, Person ist Aktvollzieher. Aber welches ist der ontologische Sinn von 'vollziehen'?" Der Existenzphilosoph sagt es: „existieren". Was ist das? „Das ekstatische Wesen des Menschen beruht in seiner Ek-sistenz." „'Ek-sistenz' ist Sorge ... für das Sein." „Das Sein des Daseins bestimmten wir als Sorge ... um das eigenste Selbstseinkönnen." „Deren ontologischer Sinn ist die Zeitlichkeit ... Zeitlichkeit ist das ursprüngliche 'Außer-sich' an und für sich selbst." In der „ekstatischen Zeitlichkeit" nun „gehört zur Ekstase ein Wohin der Entrückung. Dieses Wohin der Ekstase nennen wir das horizontale Schema". „Die Phänomene des zu ..., auf ..., bei ..., offenbaren die Zeitlichkeit als das ekstatikon schlechthin." Existieren ist also „das ekstatische Wohnen in der Nähe des Seins". Wenn das menschliche Dasein aber „Sorge" ist, dann ist es „zunächst und zumeist ein Sein bei dem Besorgten". Wer besorgt hier was wem und womit? „Ekstatisches Wohnen"? „Dieses Wohnen ist das Wesen des 'In-der-Welt-seins'." „In-Sein ... meint eine Seinsverfassung des Daseins und ist ein Existenzial. Dann kann damit aber nicht gedacht werden an das Vorhandensein eines Körperdinges (Menschenleib) 'in' einem vorhandenen Seienden. Das In-Sein meint sowenig ein räumliches 'Ineinander' Vorhandener, als 'in' ursprünglich gar nicht eine räumliche Beziehung der genannten Art bedeutet; 'in' stammt von innan-, wohnen, habitare, sich aufhalten, 'an' bedeutet: ich bin gewohnt, vertraut mit, ich pflege etwas; es hat die Bedeutung von colo im Sinne von habito und diligo. Dieses Seiende, dem das In-Sein in dieser Bedeutung zugehört, kennzeichnen wir als das Seiende, das ich je selbst bin. Der Ausdruck 'bin' hängt zusammen mit 'bei'; 'ich bin' besagt wiederum: ich wohne, halte mich auf bei ... der Welt, als dem so und so Vertrauten. Sein als Infinitiv des 'ich bin', d.h. als Existenzial verstanden, bedeutet wohnen bei ..., vertraut sein mit ... In-Sein bestimmt als Wohnen bei ..." (wäre aber die wortwörtliche Eindeutschung des lateinischen: cohabitare).

„Das In-Sein ist *Mitsein* mit Anderen." In-sein, worin? Im Anderen soll ich sein, aber womit? Heidegger nennt es „Zeug" und wählt als Beispiel ein Handwerkszeug: „ ... je weniger das Hammerding nur begafft wird, je zugreifender es gebraucht wird, um so ursprünglicher wird das Verhältnis zu ihm, um so unverhüllter begegnet es als das, was es ist, als Zeug. Das Hämmern entdeckt die spezifische 'Handlichkeit' des Hammers." (Was also entdeckt die spezifische „Handlichkeit" des Zeugs im Allgemeinen?) Das Zeug soll „zuhanden" sein fürs „Besorgen". „Das In-der-Welt-sein ist als Besorgen von der besorgten Welt *benommen."* Und wohin mit dem Zeug? „Das Zeug hat seinen Platz ... Der Platz ist je das bestimmte 'Da' und 'Dort' des Hingehörens eines Zeugs." Mit diesem Zeug ist das Dasein „Platzhalter des Nichts". „Das Nichts ist der Schleier des Seins." Der Mensch ist als „Nachbar des Seins" und als „Hirt des Seins" nicht „Herr des Seins". „Das menschliche Dasein kann sich nur zu Seiendem verhalten, wenn es sich in das Nichts hineinhält." Aber dieses Nichts ist nach Heidegger nicht nichtig und macht das Dasein nicht zunichte, sondern seine Leere ist die „Öffnung des Seins" selbst. Für diese Öffnung wählt er ein Bild aus seiner alemannischen Umwelt, eine Schwarzwaldlichtung: „Die Waldlichtung ist erfahren im Unterschied zum dichten Wald, in der älteren Sprache 'Dickung' genannt. Das Substantivum 'Lichtung' geht auf das Verbum 'lichten' zurück. Das Adjektivum 'licht' ist dasselbe Wort wie 'leicht'. Etwas lichten bedeutet: etwas leicht, etwas frei und offen machen, z.B. den Wald an einer Stelle frei machen von Bäumen." „Das Stehen in der Lichtung des Seins nenne ich die Ek-sistenz des Menschen." (Erinnert das nicht an das Lied: Ein Männlein steht im Walde ...? Sagt, wer mag das Männlein sein, das da steht auf einem Bein? Und das purpurrote Mäntelchen?) Die Lichtung ist für ihn die ganze Welt: „'Welt' ist die Lichtung des Seins, in die der Mensch aus seinem geworfenen Wesen her heraussteht." Er wird „Wurf des Seins" genannt, weil er „dem Sein entstammt". „Dergestalt geworfen steht der Mensch 'in' der Offenheit des Seins." „Ek-sistenz bedeutet in-haltlich Hinaus-stehen in die Wahrheit des Seins." Heidegger geht nun zurück auf das griechische Wort für Wahrheit: Aletheia, Unverborgenheit. „Die A-letheia, die Unverborgenheit müssen wir als die Lichtung denken ... gutgerundete Unverborgenheit, gedacht als die Lichtung." Lethe, Fluss und Strom der Verdrängung. Das einzig Wahre also für Heidegger ist diese unvergessliche „Öffnung des Seins".

„Sein lichtet sich dem Menschen im ekstatischen Entwurf. Doch dieser Entwurf schafft nicht das Sein", da ja umgekehrt der Mensch „dem Sein entstammt" und dessen „Wurf" ist. „Wahrheit als die Lichtung ... geschieht, indem sie gedichtet wird." Womit dichtet = verschließt der Dichter die Lichtung? „Je handlicher ein Zeug zur Hand ist, umso unauffälliger bleibt es, daß z.B. ein solcher Hammer ist, umso ausschließlicher hält sich das Zeug in seinem Zeugsein ... umso einfacher rückt es uns in diese Offenheit ein und so zugleich aus dem Gewöhnlichen heraus." „Indem eine Welt sich öffnet, bekommen alle Dinge ihre Weile und Eile, ihre Ferne und Nähe, ihre Weite und Enge." Der Mensch „weiß, was er inmitten des Seienden will". „Wollen ... ist das ekstatische Sicheinlassen des existierenden Menschen in die Unverborgenheit des Seins. Die in 'Sein und Zeit' gedachte Entschlossenheit ist nicht die decidierte Aktion eines Subjekts, sondern die Eröffnung des Daseins aus der Befangenheit im Seienden zur Offenheit des Seins. In der Existenz geht jedoch der Mensch nicht erst aus einem Innern zu einem Draußen hinaus, sondern das Wesen der Existenz ist das ausstehende Innestehen im wesenhaften Auseinander der Lichtung des Seienden ... Wollen ist die nüchterne Ent-schlossenheit des existierenden Übersichhinausgehens, das sich der Offenheit ... aussetzt ... nüchterne Inständigkeit im Ungeheuren." „Darum muß in diesem Offenen je ein Seiendes sein, worin die Offenheit ihren Stand und ihre Ständigkeit nimmt." „Lichtung der Offenheit und Einrichtung in das Offene gehören zusammen." Ahnt man, was das für ein Loch ist, „in das alles Seiende hereinsteht und aus dem es sich zurückzieht"?

„Eine Lichtung ist. Sie ist, vom Seienden her gedacht, seiender als das Seiende. Diese offene Mitte ist daher nicht vom Seienden umschlossen, sondern die lichtende Mitte selbst umkreist wie das Nichts, das wir kaum kennen, alles Seiende. Das Seiende kann als Seiendes nur sein, wenn es in das Gelichtete dieser Lichtung herein- und hinaussteht. Nur diese Lichtung schenkt und verbürgt uns Menschen einen Durchgang zum Seienden, das wir selbst nicht sind, und den Zugang zu dem Seienden, das wir selbst sind. Doch selbst verborgen kann das Seiende nur im Spielraum des Gelichteten sein ... Die Lichtung, in die das Seiende hereinsteht, ist in sich zugleich Verbergung." Was hat er lichtscheu zu verbergen, dieser „Spielraum der Offenheit ..., worin jegliches Seiende in seiner Weise aufgeht"? Womit ist dieser „Vollzugsraum für die Bewältigung des Seienden im Ganzen besetzt"? Wir verstehen aber schon den Titel des Hauptwerks "Sein und Zeit": „Die Zeit zeitigt. Zeitigen heißt: reifen, aufgehen lassen." Das Menschenkind muß erst „wachsen", mit der „Zeit ... die erst das Offene eröffnet", wird es groß.

Was macht der Mensch dann in der Lichtung des Seins? „Er bewegt sich in ihr hin und her."

„Für das sinnende Denken dagegen gehört der Weg in das, was wir die Gegend nennen. Andeutend gesagt, ist die Gegend als das Gegnende die freigebende Lichtung ... Das Freigebend-Bergende der Gegend ist jene Bewegung, in der sich die Wege ergeben, die der Gegend gehören. Der Weg ist, hinreichend gedacht, solches, was uns gelangen läßt, und zwar in das, was nach uns langt, indem es uns belangt ... gelangen läßt in das, wohin es gehört." Wir erinnern uns: „dem Sein gehörend", „auf das Sein hörend", „dem Sein höriges Denken". „Bewegen aber heißt: ... einen Weg bahnen, z.B. durch tiefverschneites Land ... Abwässer eines großen verborgenen Stromes, des alles bewegenden, allem seine Bahn reißenden Weges. Alles ist Weg."

Das Zeug „hält die umsichtig gebrauchten Gegenden ausdrücklich offen, das jeweilige Wohin des Hingehörens, Hingehens, Hinbringens, Herholens". Diese „offene Gegend" oder „freie Gegend" ist die erogene „Zone des Seins". Darauf „versteht" sich das Dasein: „Es ist der ekstatische, d.h. im Bereich des Offenen innestehende geworfene Entwurf." Heidegger nennt „den stillen Glanz (das Gold) des Geheimnisses, das im Einfachen der Lichtung immerwährend scheint". (Kloakalen Kot nennt der Volksmund auch "Goldlack".) Dieses Geheimnis wollen wir lüften. „Aber das Goldene des unscheinbaren Scheinens der Lichtung läßt sich nicht greifen, weil es selbst kein Greifendes, sondern das reine Ereignen ist." Ein freudiges „Ereignis", das auch „Eräug-nis" genannt wird. „Daher wird die Erfahrung der Sinne überhaupt als 'Augenlust' bezeichnet." - Ontologischer Voyeurismus?

Was „er-äugen" wir mit dem „Einblick in das, was ist", der ein „Einblitz" sein soll? „Kein Aussehen ohne Licht — das erkannte schon Platon. Aber es gibt kein Licht und keine Helle ohne die Lichtung ... Der Lichtstrahl schafft nicht erst die Lichtung, die Offenheit, er durchmißt sie nur. Solche Offenheit allein gewährt überhaupt einem Geben und Hinnehmen ... erst das Freie, worin sie sich aufhalten können und sich bewegen. Alles Denken der Philosophie, das ausdrücklich oder nicht ausdrücklich dem Ruf 'zur Sache selbst' folgt, ist auf seinem Gang, mit seiner Methode, schon in das Freie der Lichtung eingelassen. Von der Lichtung jedoch weiß die Philosophie nichts. Die Philosophie spricht zwar vom Licht der Vernunft, aber achtet nicht auf die Lichtung des Seins. Das lumen naturale, das Licht der Vernunft, erhellt nur das Offene." „Licht kann nämlich in die Lichtung, in ihr Offenes, einfallen und in ihr die Helle mit dem Dunkel spielen lassen ... Aber niemals schafft das Licht erst die Lichtung, sondern jenes, das Licht, setzt diese, die

Lichtung, schon voraus ... Überall, wo ein Anwesendes anderem Anwesenden entgegen kommt, ... da waltet schon Offenheit, ist freie Gegend im Spiel." „Die Wahrheit des Seins kann deshalb der Grund heißen, in dem die Metaphysik als die Wurzel des Baumes der Philosophie gehalten, aus dem sie genährt wird." „Das Ragen des Baumes ist gerufen. Es durchmißt zumal den Rausch des Erblühens und die Nüchternheit der nährenden Säfte. Verhaltenes Wachstum der Erde und die Spende des Himmels gehören zueinander."

In dem Aufsatz 'Der Ursprung des Kunstwerks' entwickelt Heidegger 1936 seine ars amandi: „Was ist Kunst? ... Das Wesen der Kunst ist ... Dichten innerhalb der Lichtung ... dieser Stoß ins Offene ... jener Stoß ins Ungeheure ... aber dieses vielfältige Stoßen hat nichts Gewaltsames ... und das Nichtaussetzen dieses Stoßes macht die Beständigkeit des Insichruhens am Werk aus." Da wird „das Heilige als Heiliges eröffnet und der Gott in das Offene seiner Anwesenheit hereingerufen" mit der „Errichtung eines Standbildes". „Das Gegeneinander von Welt und Erde ist ein ... Urstreit, in dem jene offene Mitte erstritten wird, in die das Seiende hereinsteht und aus der es sich in sich selbst zurückstellt ... Der Streit ist kein Riß als das Aufreißen einer bloßen Kluft, sondern der Streit ist die Innigkeit des sich Zugehörens der Streitenden ... weil der Streit im Einfachen der Innigkeit zu seinem Höchsten kommt... Er ist Grundriß. Er ist Auf-riß, der die

Grundzüge des Aufgehens der Lichtung des Seienden zeichnet ... Reißen meint hier, den Riß reißen mit der Reißfeder auf dem Reißbrett." „ ... die Erde selbst muß als Sichverschließende hervorgestellt und gebraucht werden. Dieses Brauchen aber verbraucht und mißbraucht die Erde nicht ... Dieses Brauchen der Erde ist ein Werken mit ihr." „Wahrheit als die Lichtung und Verbergung des Seienden geschieht, indem sie gedichtet wird" und „eine offene Stelle aufschlägt, in deren Offenheit alles anders ist als sonst", „und zwar dergestalt, daß jetzt das Offene erst inmitten des Seienden dieses zum Leuchten und Klingen bringt". Aber „das Geschaffene soll nicht als Leistung eines Könners bezeugt werden", anders als ein Jahrzehnt früher, wo das Dasein „sein eigenstes Selbstseinkönnen be-zeugt" und "je das ist, was es sein kann" und worauf es sich „versteht" in seinem „vulgären Seinsverständnis".

Was ist das „Auseinander der Lichtung", „das Innige des gespannten Auseinander im Zueinander eines Einigen"? Weiß Heidegger, was er da sagt, oder müssen wir es ihm mit Freud(e) sagen? „Wer sich auf den Weg des Denkens begibt, weiß am wenigsten von dem, was als die bestimmende Sache ihn — gleichsam hinterrücks über ihn hinweg — zu ihr bewegt ..." Das verhindert das Über-Ich, die verinnerte Stimme des Gewissens: „Der Ruf kommt aus mir und doch über mich." Vor diesem Ruf wird so einiges verdrängt an 'Drang'.

„Der ekstatische Bezug zur Lichtung des Seins" ist
biblisches „Erkennen", „Welterkennen". Die philo-
sophische Erkenntnistheorie will erkennen, „wie das
Subjekt im Erkenntnisakt die Kluft zum Objekt
überbrückt"; „ ... gegeben ein Seiendes, genannt
Natur, als das, was erkannt wird ...". „Erkennen ist
eine Seinsart des In-der-Welt-seins." „Und das bestimmende Sichaufhalten bei dem zu erkennenden
Seienden ist nicht etwa ein Verlassen der inneren
Sphäre, sondern auch in diesem 'Draußensein' beim
Gegenstand ist das Dasein im rechtverstandenen
Sinne 'drinnen', d.h. es selbst ist es als In-der-Welt-
sein, das erkennt."

Sehen wir uns das Erkenntnisinstrument einmal
genauer an, dieses „Zeug", welches die Kluft zum
Objekt überbrücken soll: „Die Brücke ist ein Ort ...
Ursprünglich bedeutet der Name 'Ort' die Spitze des
Speers. In ihr läuft alles zusammen. Der Ort ver-
sammelt zu sich ins Höchste und Äußerste ... Dinge,
die in solcher Art Orte sind, verstatten jeweils erst
Räume ... Raum, Rum heißt freigemachter Platz für
Siedlung und Lager."

Der Speer überbrückt die Kluft zum Sein, in ihm
regt sich das Physische: „Physis meint das aufgehende Sichaufrichten, das in sich verweilende
Sichentfalten." „ ... das in sich ruhende Aufgehen ist
... Aufleuchten, Sichzeigen, Erscheinen ... des Seins
im Sinne des Gerade-in-sich-aufrecht-dastehens ...
das von sich aus Aufgehende (z.B. das Aufgehen

einer Rose), das sich öffnende Entfalten, das in solcher Entfaltung in die Erscheinung Treten und in ihr sich Halten und Verbleiben, kurz, das aufgehend-verweilende Walten." — „Rose, insofern diese in sich selber steht, einfach Rose ist ... Ihr Blühen ist einfaches aus sich Aufgehen ... Aufgehen kann überall, z.B. an den Vorgängen des Himmels (Aufgang der Sonne), am Wogen des Meeres, am Wachstum der Pflanzen, am Hervorgehen von Tier und Mensch aus dem Schooß erfahren werden." „Dieses aber, das in sich hoch gerichtete Dastehen, zum Stand kommen und im *Stand* bleiben, verstehen die Griechen als Sein." „Das In-sich-da-Stehende aber wird, von der Betrachtung her gesehen, zum Sich-dar-Stellenden, das sich in dem, wie es aussieht, darbietet. Das Aussehen einer Sache nennen die Griechen eidos oder idea." „Das ursprünglich aufgehende Sichaufrichten der Gewalten des Waltenden ... wird jetzt zur herzeigbaren Sichtbarkeit vorhandener Dinge."

Erektion also wird zur exhibitionierten Aufrichtigkeit dieses Dingsbums. „Physis ist das aufgehende Walten, das In-sich-dastehen, ist Ständigkeit." Dieser ontologische Ständer richtet sich auf, und er richtet sich auf den „Welteingang des Seienden", den „ekstatisch eingenommenen Raum", den die „Gunst des Seins" „er-öffnet". Endlich: „Das Seiende steht im Sein." „Die Lichtung selber aber ist das Sein." Bei den Griechen war das Mutter „Natur ... die 'leicht umfangend' alles in ihrer Offenheit und

Lichtung einbehält ... Physis als Grundwort gedacht, bedeutet das Aufgehen in das Offene, das Lichten jener Lichtung, in die herein überhaupt etwas erscheinen, in seinem Umriß sich stellen, in seinem 'Aussehen' sich zeigen und so als Dieses und Jenes anwesend sein kann". So ist das Physische bei Heidegger so „zweideutig", wie er Zweideutigkeit immer haßte: als Physis des Seins die Lichtung, als Physis der Ek-sistenz aber das Gerade-in-sich-aufrecht-dastehen des Seienden vom Schlage des menschlich-männlichen Daseins. Dieses „Zweideutige" enthüllt sich dann in einer Trakl-Deutung als „das Zwiefache der Geschlechter".

Damit ist das menschliche Dasein, die Ek-sistenz, als männliches Dasein entlarvt, als Erdensohn, während das Sein die Mutter Natur und Mutter Erde bedeutet: Weitere Zitate sollen diese Hypothese erhärten helfen. Wenden wir uns Heideggers Trakl- und Hölderlin-Interpretationen zu, die in dieser Hinsicht sehr ergiebig sind. Über Trakls Gedicht 'Abgeschiedenheit' heißt es da: „Das Abendland birgt den Aufgang der Mühe des 'Einen Geschlechts' ... Das Wort 'Ein Geschlecht' nennt hier überhaupt keinen biologischen Tatbestand, weder die 'Eingeschlechtlichkeit' noch die 'Gleichgeschlechtlichkeit'." „Der Fluch des verwesenden Geschlechts besteht darin, daß dieses alte Geschlecht in die Zwietracht der Geschlechter auseinandergeschlagen ist. Aus ihr trachtet jedes der Geschlechter in den losgelassenen Aufruhr der je vereinzelten und bloßen Wildheit des

Wildes." Heidegger deutet den „Geist des Bösen. Dessen Aufruhr steigt dort in seine äußerste Bösartigkeit, wo er gar aus der Zwietracht der Geschlechter noch ausbricht und in das Geschwisterliche einbricht". „In der Gestalt des Knaben Elis beruht das Knabenhafte nicht in einem Gegensatz zum Mädchenhaften. Das Knabenhafte ist die Erscheinung der stilleren Kindheit. Diese birgt und spart in sich die sanfte Zwiefalt der Geschlechter, des Jünglings sowohl wie der 'goldenen Gestalt der Jünglingin'." „Der Abgeschiedene ist der Wahnsinnige, weil er anderswohin unterwegs ist ... er ist anderen Sinnes ... der Gestorbene ist der Wahnsinnige ... er lebt in seiner Kammer so still und versonnen, daß er mit seinen Schlangen spielt." „Die mondene Stimme der Schwester" Trakls führt zum „Abschied vom bisherigen Geschlecht", mit dessen Mehrdeutigkeit Heidegger spielt: 1) Menschengeschlecht, Gattung Mensch; 2) Generation; 3) Genitalität. Geschwisterinzest ist *natürlich* sorgsam herausinterpretiert.

Wie deutet Heidegger Hölderlins Gedicht 'Heimkunft / An die Verwandten'? „Heimkunft ist die Rückkehr in die Nähe des Ursprungs ... Suevien, die Mutter, wohnt nahe dem Heerde des Hausses. Der Herd behütet die stets gesparte Glut des Feuers, das, wenn es entflammt, die Lüfte und das Licht in das Heitere öffnet ... 'Heerd des Hausses', d.h. der mütterlichen Erde, ist der Ursprung der Aufheiterung, deren Licht erst die Ströme über die Erde ergießt." „Von der Natur her gedacht, bleibt das Chaos jenes

Aufklaffen, aus dem das Offene sich öffnet, damit es jedem Unterschiedenen erst seine umgrenzte Anwesung gewähre ... Doch Chaos bedeutet zuerst das Gähnende, die klaffende Kluft, das zuvor sich öffnende Offene, worin alles eingeschlungen ist ... Das Chaos ist das Heilige selbst. Kein Wirkliches geht dieser Aufklaffung vorher, sondern stets nur in sie ein." Ist das Nietzsches Baubo-Vulva-Wahrheit?

Neben Mutter Erde: „Vater Äther, der Hohe". Er „deckt die Klüfte des Gebirges, in deren lichtlose Tiefe der aufheiternde Lichtstrahl hinabwirkt ... im Alpengebirg ereignet sich das immer stillere Sich-überhöhen des Hohen bis in das Höchste ... Das Höchste 'über dem Lichte' ist die strahlende Lichtung selbst ... Hier im 'Höchsten' wohnt der 'Hohe', der ... Er-freute ...". Hier „'liebt er es' 'zu öffnen'... läßt er erst die finstere Tiefe in ihr Gelichtetes klaffen. Was wäre Tiefe ohne Lichtung?"

Heidegger deutet auch das Gedicht 'Andenken', das Hölderlin „nach der Rückkehr in das Haus der Mutter" verfaßt hat. „Man bemerkt auch leicht, daß hier ein Gedenken an den Aufenthalt Hölderlins im 'südlichen Frankreich' zum Wort kommt." Die Interpretation scheint den einzigen Zweck zu verfolgen, aus der Not der Rückkehr des geisteskranken Hölderlin zur Mutter eine metaphysische Tugend zu machen: die Geburt des Dichters aus der Weigerung oder Unfähigkeit, sich vom Heim zu lösen und erwachsen zu werden. „Die Kolonie ist das auf das Mutterland zurückweisende Tochterland. Indem der Geist Land solchen Wesens liebt, liebt er mittelbar und verborgen doch nur die Mutter. Das ist die heimatliche Erde, die ... jedoch schwer zu gewinnen, die Verschlossene ..." Weshalb wohl? Der Mutterinzest ist nicht „schicklich". Seit der Beschäftigung mit Hölderlin ist die „Ek-sistenz" bei Heidegger ein fügsames Kind, geborgen in mütterlicher Fürsorge, „auf das an sich haltende Zurückhalten gestimmt", ein unter gottväterlicher Kastrationsdrohung infantilisiertes Wesen.

Was sieht der philosophische Voyeur? Als Phänomenologe kommt Heidegger rasch 'zur Sache selbst': „Was ist das, was die Phänomenologie 'sehen lassen' soll? ... Offenbar solches, was sich zunächst und zumeist gerade *nicht* zeigt, was gegenüber dem, was sich zunächst und zumeist zeigt, *verborgen* ist ..." Sehen lassen, was „sich von ihm selbst her zeigt": „Das Seiende wird der Verborgenheit entrissen. Die jeweilige faktische Entdecktheit ist gleichsam immer ein *Raub"*. Heidegger spricht von „Aufdecken" und „Seinsenthüllung" und „Erschließen des Seins". „Das Denken zieht Furchen in den Acker des Seins ... Die Erde ist die dienend Tragende, die blühend Fruchtende, hingebreitet in Gestein und Gewässer, aufgehend zu Gewächs und Getier ... Der Aussaat voraus geht das Pflügen. Es gilt, das Feld urbar zu machen ... es gilt, dieses Feld erst zu ahnen, und dann zu finden und dann zu bebauen ... Doch ist jedem Denkenden je nur ein Weg, der seine, zugewiesen, in dessen Spuren er immer wieder hin und her gehen muß, um ihn endlich als den seinen, der ihm doch nie gehört, einzuhalten und das auf diesem Weg Erfahrbare zu sagen."

Welche Erfahrungen hat er nun mit Mutter Natur? „Obzwar inmitten des Seienden und von ihm umfangen, hat das Dasein als existierendes die Natur immer schon überstiegen." „Die Transzendenz jedoch ist der Überstieg, der so etwas wie Existenz überhaupt und mithin ein 'Sich'-bewegen-im-Raume ermöglicht." „Das Aufgeräumte ist in seiner Räumlichkeit freigemacht, gelichtet und gefugt. Das Heitere, das Aufgeräumte, vermag allein, anderem seinen gemäßen Ort einzuräumen."

Wir erinnern uns: „Denken ist Erörterung des Seins ... Ursprünglich bedeutet der Name 'Ort' die Spitze des Speers." Dieser Speer wird auch „Gestell" genannt: „Das Wesen der Technik beruht im Ge-stell." Sie „nimmt als das gesammelte Sich-zum-Stand-bringen den Raum ein, erobert ihn erst ...". Mit ihr ist der Mensch hinter der Natur her: „Das nachstellende Vorstellen, das alles Wirkliche in seiner verfolgbaren Gegenständlichkeit sicherstellt ... stellt die Welt auf sich zu und die Natur zu sich her." Das Dasein hat seine Technik: „Gewalttat als Eröffnung des Seins". Da wird dann ganz schön gerangelt: „Dasein ist die ständige Not der Niederlage und des Wiederaufspringens der Gewalt-tat gegen das Sein und zwar so, daß die Allgewalt des Seins das Dasein

114

zur Stätte seines Erscheinens vergewaltigt (wörtlich genommen) ..." Wer will da sagen, wo der Sieger ist und wo der Unter-worfene (sub-iectum)?

Nach der „Kehre" jedenfalls ist der Mensch nicht mehr „Herr des Seins", sondern nur noch „Hirt des Seins". Schäferstündchen des Seinspastors? Er gerät ganz schön „außer sich": „Ich bin niemals nur hier als dieser abgekapselte Leib, sondern ich bin dort, d.h. den Raum schon durchstehend." Die „Verräum- lichung des Daseins in seiner 'Leiblichkeit'" hatten wir als „Öffnung" schon beschrieben gefunden. „Raum ist wesenhaft das Eingeräumte ... Das Einge- räumte ist jeweils gestattet und so gefugt, d.h. ver- sammelt durch einen Ort, d.h. durch ein Ding von der Art der Brücke." Durch solch ein Ding wird der Raum „ekstatisch erschlossen". Das ist unsere „ab- gründige leibliche Verwandtschaft mit dem Tier". „Denn der Wille will seinen Willen." Was will er vom Sein? „Überall ist es bestellt, auf der Stelle zur Stelle zu stehen, um selbst bestellbar zu sein für ein weiteres Bestellen." „Das Schönste, das in sich Ständigste" ist das, was sich „im Sinne des nur Be- ständigen zu versteifen sucht": „Das Übersteigende und so sich Erhöhende muß als solches im Seienden sich befinden ... Dieses Inmittensein von ... gehört vielmehr zur Transzendenz." So „kommt in ihm die wahre Nähe zu den Dingen ins Steigen". Sehen wir uns dieses Ding einmal genauer an. „Aus dem Spie- gel-Spiel des Gerings des Ringen ereignet sich das Dingen des Dinges ... Wir sind — im strengen Sinne des Wortes — die Bedingten." Nun? „Die Frage 'Was ist ein Ding?' müssen wir demnach als eine solche bestimmen, bei der die Dienstmägde lachen. Und was eine rechte Dienstmagd ist, muß doch auch etwas zu lachen haben."

„Ein Ding ist der Krug. Was ist der Krug? Wir sagen: ein Gefäß; ein solches, was anderes in sich faßt ... Dieses Fassende ist selbst wieder faßbar am Henkel ... Wir gewahren das Fassende des Gefäßes, wenn wir den Krug füllen ... Wenn wir den Krug vollgießen, fließt der Guß beim Füllen in den leeren Krug. Die Leere ist das Fassende des Gefäßes. Die Leere, dieses Nichts am Krug ist das, was der Krug als das fassende Gefäß ist ... Wie faßt die Leere des Kruges? Sie faßt, indem sie, was eingegossen wird, nimmt. Sie faßt, indem sie das Aufgenommene behält. Die Leere faßt in zwiefacher Weise: nehmend und behaltend. Das Wort 'fassen' ist darum zweideutig ... Das zwiefache Fassen der Leere beruht im Ausgießen ... Ausgießen aus dem Krug ist schenken. Im Schenken des Gusses west das Fassen des Gefäßes ... Das Geschenk des Gusses kann ein Trunk sein. Er gibt Wasser, er gibt Wein zu trinken. Im Wasser des Geschenkes weilt die Quelle. In der Quelle weilt das Gestein, in ihm der dunkle Schlummer der Erde, die Regen und Tau des Himmels empfängt. Im Wasser der Quelle weilt die Hochzeit von Himmel und Erde. Sie weilt im Wein, den die Frucht des Rebstockes gibt, in der das Nährende der Erde und die Sonne des Himmels einander zugetraut sind ... Das Geschenk des Gusses ist der Trunk für die Sterblichen. Er labt ihren Durst. Er erquickt ihre Muße. Er erheitert ihre Geselligkeit." — Kurz : „Erde und Himmel, Gott und Mensch — das Weltspiel."

Nun kann das Liebesspiel beginnen, Heidegger zitiert Meister Eckart: „diu minne ist der natur, daz si den menschen wandelt in die dinc, die er minnet." „Erde und Himmel, das Strömen der Tiefe und die Macht der Höhe ..." „Schmiegsam, schmiedbar, geschmeidig, fügsam, leicht ...": „Der Reigen ist der Ring, der ringt, indem er als das Spiegeln spielt." Und „ ... so reicht sich eines dem anderen hinüber, eines überläßt sich dem anderen; eines ist dem anderen über als das darüber Wachende, Hütende, darüber als das Verhüllende".

Doppelte Paarung der Wahlverwandten, eine richtige Orgie, in den Liebenden sind immer auch ihre Eltern gegenwärtig: „Die Vierung west als das ereignende Spiegel-Spiel der einfältig einander Zugetrauten. Die Vierung west als das Welten von Welt." „Die Dinge tragen, indem sie dingen, Welt aus ... Die Innigkeit von Welt und Ding ist keine Verschmelzung. Innigkeit waltet nur, wo das Innige, Welt und Ding, rein sich scheidet und geschieden bleibt." („'Welt' ist die Lichtung des Seins.") „Der Unter-Schied hält von sich her die Mitte auseinander, auf die zu und durch die hindurch Welt und Ding zueinander einig sind." Das ist die *petite diffé-*

rence: „Der Unter-Schied trägt Welt in ihr Welten, trägt die Dinge in ihr Dingen aus. Also sie austragend, trägt er sie einander zu." „Der Unter-Schied stellt das Ding als Ding in die Welt."

„Vielmehr geschieht die Eröffnung des Offenen und die Lichtung des Seienden nur, indem die Offenheit entworfen wird." „Sein ist im Entwurf verstanden." „ ... 'etwas verstehen' in der Bedeutung von 'einer Sache vorstehen können', 'ihr gewachsen sein', 'etwas können'."

Beide verstehen sich gut: „ ... jedes entwerfende Offenhalten der Wahrheit des Seins als Verstehen von Sein" ist „der ekstatische, d.h. im Bereich des Offenen innestehende geworfene Entwurf". „Sein lichtet sich dem Menschen im ekstatischen Entwurf' ('Ent-wurf' ist die Eindeutschung des lateinischen: e-iaculatio; quod erat demonstrandum). Das ist aus den „zweideutigen Verabredungen" nun geworden, die Heidegger so verabscheut. Die Lichtung „umschließt die Gestalt des Gottes und läßt sie in dieser Verbergung durch die offene Säulenhalle hinausstehen in den heiligen Bezirk", der den Gott so reizend bezirzt. „Der Entwurf eröffnet erst den Spielraum, darin die Dinge, d.h. die Tatsachen, sich zeigen." Als was zeigt sich das Ding? „Alles, was ... glänzt und blüht, tönt und duftet, steigt und kommt, aber auch geht und fällt, aber auch klagt und schweigt, aber auch erbleicht und dunkelt."

„Das Sein kommt, sich lichtend, zur Sprache." Und was sagt der Muttermund, Gebärmuttermund? (Schließlich haben auch wir in Grimms Etymologischem Wörterbuch nachgesehen: Mhd. *gelihter* ist von ahd. lehtar 'Gebärmutter' (eigentlich: Liegendes) abgeleitet und bedeutet 'Geschwister': „die zur selben Gebärmutter Gehörigen". Dann hieße 'lichten' soviel wie: leicht machen, entbinden, gebären.) „Die Sprache ist die Zunge ... Zungenfertigkeit ... Die Sprache ist die Blume des Mundes. In ihr erblüht die Erde der Blüte des Himmels entgegen." (Cunnilingus?) „Die Sprache ist der Bezirk (templum), d.h. das Haus des Seins." „Die Ek-sistenz bewohnt denkend das Haus des Seins." „Das Sein solcher Gebäude kann man gleichsam riechen, und man hat oft nach Jahrzehnten noch den Geruch in der Nase."

Heideggers „Neugier, der nichts verschlossen", hat „die Erschlossenheit des In-Seins die Lichtung des Daseins genannt". Die Parole heißt: „vom Ge-stell zur Lichtung". „Der Andere ist so zunächst in der besorgenden Fürsorge erschlossen": das Dasein muß für das Sein, dem es besorgt wird, sorgen. Und nach der „Kehre", nach der Bekehrung? „Heraklit denkt das Sein als die Weltzeit und diese als das Spiel des Kindes ... Das Seinsgeschick: ein Kind, das spielt. Somit gibt es auch große Kinder." Werdet wie die Kinder? Jedenfalls auch der Kleine „weiß, was er inmitten des Seienden will" als „der Wille des Wissens und der Liebe", „unerfahren bislang, aber erfahrener vielleicht künftig". Auch ihn lockt schon

„die rätselhafte Mehrdeutigkeit des Nichts" inmitten von Mutter Natur, er will „im Nichts die Weiträumigkeit dessen erfahren, was jedem Seienden die Gewähr gibt zu sein". Er ist „neugierig" und liest bei Aristoteles: „Außerdem entsteht ja ein Mensch aus einem Menschen, aber nicht ein Bettgestell aus einem Bettgestell." Der Philosoph liest ihm Hölderlin vor:

„Warum huldigest du, heiliger Sokrates,
Diesem Jünglinge stets? kennest du Größeres nicht?
Warum siehet mit Liebe,
Wie auf Götter, dein Aug' auf ihn?

Wer das Tiefste gedacht, liebt das Lebendigste,
Hohe Jugend versteht, wer in die Welt geblickt,
Und es neigen die Weisen
Oft am Ende zu Schönem sich."

Ist das wirklich „gegen das Ichsein und Dusein und erst recht etwa gegen die 'Geschlechtlichkeit' neutral"? „'Rein' sagt für Hölderlin stets soviel wie 'ursprünglich', entschieden verbleibend in anfänglicher Bestimmung. Dies eignet den Kindern." Kinder geblieben aber sind die Dichter: „Wenn die Dichter innebleiben in der Allgegenwart der mächtigschönen 'Natur', dann ist auch jede Möglichkeit genommen, nur auf das Eigene zu pochen und sich in dem zu vermessen, was das Gesetz ist. Ihre Hände sind 'schuldlos'." „Es schützet die Einfalt ihn ... die in der schicklichen Nähe zum Hohen verweilt." Das ist

„Vater Äther, der Hohe". „Allzu leicht könnte der Halbgott", der Halbstarke, „über die Kindheit hinausgerückt, das Ungleiche zu den Göttern 'nicht dulden' wollen" mit seiner „entzweienden Gier". „Das wesentliche Wünschen unterscheidet sich vom bloßen Begehren, das sein Begehrtes je nur für sich und im Begehren auch nur sich will. Solches Begehren weicht dem Schicklichen aus." Der Dichter dichtet die Lichtung des Seins, aber: „Das Dichterische ist das Endliche, das sich in die Grenzen des Schicklichen fugt". Er will nicht „das 'Exotische', das er rauschsüchtig durchkostet". „Der Verzicht nimmt nicht. Der Verzicht gibt." Er trifft auf den „Schmerz des Versagens und die Schonungslosigkeit des Verbietens" beim „Aufblicken zu den 'Ideen'": „Blitze nämlich sind der Zorn eines Gottes" *(Hölderlin)*.

„Es gibt nämlich Sein", weiß Heidegger mit Parmenides, wenn er nach der „Kehre" zu den Vorsokratikern zurückgeht, in die Kindheit des abendländischen Geistes. Aber das Sein ist seit Plato an „Vater Äther, der Hohe" vergeben, an seinen „Willen zur Macht" und die Technik seines „Ge-stells", das Mutter Natur stellt durch die „Gewalt-tätigkeit" seiner Ideen. Vor diesem „Übermenschen" (im Über-Ich) hat das Menschenkind jene existentielle „Angst", die Heidegger zur „Grundbefindlichkeit des Daseins" macht, welches in die „Lichtung der Natur hinausstehen" will.
　　Angst? Wovor und worum?

„Die Furcht verschließt zugleich das gefährdete In-Sein, indem sie es sehen läßt ... Das Fürchten um als Sichfürchten vor erschließt immer ... das In-sein hinsichtlich seiner Bedrohtheit ... Das, worum die Angst sich ängstet, enthüllt sich als das, wovor sie sich ängstet: das In-der-Welt-sein." „Weitere Abwandlungen der Furcht kennen wir als Schüchternheit, Scheu." Natürlich „nicht in der Form kleiner Minderwertigkeitsgefühle", bewahre. Aber Schuldgefühle regen sich doch: „ ... das verschwiegene, angstbereite Sichentwerfen auf das eigenste Schuldigsein — nennen wir die Entschlossenheit" „zum Stehenkönnen in der Offenbarkeit". „Eigentlich kann die Angst nur aufsteigen in einem entschlossenen Dasein." „Die Angst des Verwegenen ... steht ... im geheimen Bunde mit der Heiterkeit und Milde der schaffenden Sehnsucht." Diese „Angst vor dem Nichts" ist Angst vor der Seinslichtung, die schon vom „golden blühenden Baum" von „Vater Äther" besetzt ist.

„So bringt die In-ständigkeit sich in das Gesetz", und die Erdensöhne sind „von einem Licht, und sei dies auch ein übersinnliches, belichtet, so daß sie sich vor ihm nie in das Finstere verstecken können". Es gibt Sein, und doch ist es schon vergeben: „Es gibt sich und versagt sich zumal." Mutter Natur, denn als solche hat sich das Sein den frühen Griechen offenbart, „gibt" sich dem menschenskindlichen Dasein in der „Fürsorge", aber versagt sich seinem „Besorgen". Das Dasein ist Sorge, und das

Sein sorgt für mich, aber ich kann Es ihm nicht besorgen. Davor steht Gottvaters „Ge-stell". Also entsagt das Dasein dem „Besorgen" und kriecht seit Heideggers Beschäftigung mit Hölderlin unter den Rock der Mutter Natur, ganz „gering" und „enteignet". „Der Verzicht nimmt nicht. Der Verzicht gibt." Er gibt die fürsorgliche Nähe des Seins: „Insofern wir das Ding als Ding schonen, bewohnen wir die Nähe." „Das Sein ist das Nächste." Durch diese „Anmessung an einen maßgeblichen Anblick, der deshalb Vorbild heißt", entgeht das Dasein der „Angst vor dem Tode", es „verwindet den Un-fug", indem es sich nicht mehr „auf sein Besonderes versteift".

Heidegger interpretiert das Platonische Höhlengleichnis als Sieg des Lichtes der Vernunft über die Lichtung der Leibeshöhle von Mutter Natur: „Die in sich offene Umschließung der Höhle und das durch sie Umstellte und also Verborgene verweisen zugleich auf ein Außerhalb, das Unverborgene, das über Tag ins Licht sich weitet." „Die sophia außerhalb der Höhle ist philosophia", aber Heideggers „Existenz" will in die Urhöhle zurück, weg vom Licht, zurück in die Lichtung der ontologischen Bauchhöhle, um sich dort zu „verbergen". Erkauft ist dieser „Unter-stand" (Sub-stanz) durch „Verzicht" auf das „Eigentliche": „'Aufenthalt' — als dem Sichenthalten von jeglicher Hantierung." Vater Äther ist wachsam: „So ist denn, wo das Ge-stell herrscht, im höchsten Sinne *Gefahr."* Die Seinslich-

tung ist eben die „offenbare Stätte der „Seinsbedro-
hung und Beirrung und so die Möglichkeit des Seins
-verlustes, das heißt — Gefahr". Der Dichter „be-
zeugt das Heilige", aber eben als Heiliges, als Tabu,
im Lied. „Der Gesang dieser Sänger ist kein Werben
und kein Gewerbe", ebensowenig wie die „Gunst
des Seins", seine liebreiche „Huld". „'Des Vaters
Stral, der reine, versengt es nicht.'" Angst? „Was hat
das Seinsgeschick dieser Angst mit Psychologie und
Psychoanalyse zu tun?" Ja, was denn wohl?

„Weil aber das Fest das Brautfest ist, gedenkt der
Dichter aus dem Denken an das Fest der Frauen ...
'Die Frauen' — dieser Name hat hier noch den frühen Klang, der die Herrin und Hüterin meint." „'Die
braunen Frauen daselbst' ... Das erinnert an das süd-
liche Land, wo das Element des 'himmlischen Feuers' ... durch seine Glut die ihm Ausgesetzten 'fast'
zu 'verbrennen' droht", weil sie die „Raserei der
wilden Entrückung" suchen." Gar kein Schiß?

„Oedipus, zu Anfang der Retter und Herr des Staa-
tes, im Glanz des Ruhmes und der Gnade der Götter,
wird aus diesem Schein, der keine bloß subjektive
Ansicht des Oedipus von sich selbst ist, sondern das,
worin das Erscheinen seines Daseins geschieht,
herausgeschleudert, bis die Unverborgenheit seines
Seins als des Mörders des Vaters und des Schänders
der Mutter geschehen ist. Der Weg von jenem Anfang des Glanzes bis zu diesem Ende des Grauens
ist ein einziger Kampf zwischen dem Schein (Ver-

borgenheit und Verstelltheit) und der Unverborgenheit (dem Sein) ... Wir dürfen aber Oedipus
nicht nur als den Menschen sehen, der zu Fall
kommt, wir müssen in Oedipus jene Gestalt des
griechischen Daseins begreifen, in der sich dessen
Grundleidenschaft ins Weiteste und Wildeste vor-
wagt, die Leidenschaft der Seinsenthüllung, d.h. des
Kampfes um das Sein selbst."

Diese Sätze stehen in der berühmt-berüchtigten
Freiburger Vorlesung vom Sommersemester 1935
„Einführung in die Metaphysik", mitten in der
„Kehre" vom Da-sein zum da-Seyn, vom Ge-stell
zur Lichtung, von der Politik zu Hölderlin, von der
phallischen „Eigentlichkeit des Daseins" zum schi-
zoidalen „Eigentum" der Mutter Natur.

Sein, Natur, Erde vor Seiendem, Dasein, Göttern.
„Es gibt Sein": Ist das nicht das „unmittelbar Gegebene", die gute alte Mater-ie? Heidegger ein Mater-
ialist malgrè lui meme, der nicht will, daß Mutter
Natur zum Bearbeitungsmater-ial wird? Die Wahrheit eine Frau? „Die Aletheia ist Göttin." Das Sein:
französisch "le sein" — Busen und Schoß? Das stolze abendländische Subjekt: subiectum entis? „Lichtung der Natur" vor dem „Licht der Vernunft"? On-
tologisches Matriarchat? Die männliche „Eigentlichkeit" ein „Eigentum des Seins"? Ist der Ek-
sistenzialismus ein Feminismus? Jedenfalls bleibt
der Erdensohn ein recht androgyner Softy vor der

mächtigen Mutter Natur, bei Hölderlin sogar infantil-regressiv, ja schizoidal an sie gebunden.

„So vermag das dem Ursprung Entsprungene nichts gegen seinen Ursprung." „Die Erde ist das, wohin das Aufgehen alles Aufgehende und zwar als ein solches zurückbirgt."

„Warum ist überhaupt Seiendes und nicht vielmehr nichts?" Das Menschenkind „kommt ... als solches Dasein je schon aus dem offenbaren Nichts her" in seiner „Wesensgeburt" und „verzichtet" „schicklich" auf „Hang und Drang": „Zur Endlichkeit des Dranges gehört diese Passivität im Sinne dessen, was der Drang nicht erdrängt", sondern verdrängt. Vom „Ge-stell" des Vater Äther aus der Seinslichtung „geworfen", „kreist der Mensch, ausgestoßen aus der Wahrheit des Seins, um sich selbst als animal rationale" und wird vernünftig. Der Erdensohn opfert sein Gestell, um sich die Fürsorge des Seins zu erhalten: „Das Opfer ist der Abschied vom Seienden zur Wahrung der Gunst des Seins." Schluß mit dem „Kampf zwischen denen, die an der Macht sind, und denen, die an die Macht wollen". Das „Gemachte" (und Gemächte) „läßt" das „Gemöge" schicklich zufrieden, damit das Nichts nicht mehr das Dasein „nichtet", d.h. kastriert. Schluß mit der Metaphysik, sie „denkt den Menschen von der animalitas her und nicht zu seiner humanitas hin". Schluß mit der „Sinnlichkeit des Übermenschen", der bei Nietzsche Gottvater getötet hat. „Das Sein zum Tode ist wesenhaft Angst", Kastrationsangst vor Gottvaters Rache: „Rache ist das widersetzliche, herabsetzende Nachstellen", „insofern das Sein selber das Strittige ist", also die vaginale „Öffnung und Lichtung des Seins", das kastrierend „nichtende Nichts". Q. e. d.

Man muß Heidegger nicht so lesen, aber vielleicht ihn begründet so lesen können.

„Durch die Krankheit vollständig vom Leben abgeschnitten, wendet er sich auf das einzige Forschungsobjekt, das ihm geblieben ist und das ihm als Homosexuellen ohnehin näher lag, an das Ich. - Und da beginnt er mit großem Scharfsinn, gleichsam in endopsychischer Wahrnehmung, die Schichten seines Selbst zu erkennen. Er macht eine Reihe glänzender Entdeckungen an seiner Person. Aber nun kommt die Krankheit: Er begnügt sich nicht damit, diese Zusammenhänge richtig zu erraten, sondern er projiziert die Erkenntnis, die er an sich gemacht hat, als Lebensanforderung nach außen. Das Lehrhafte, Pastorale, das in ihm vom Christus-Ideal steckt, kommt zu seiner psychologischen Einsicht hinzu … Was ihn zu dieser ganz außergewöhnlichen Leistung befähigt hat, durch alle Schichtungen hindurch die Triebe zu erkennen, ist der Auflockerungsprozeß durch die Paralyse."

(Sigmund Freud über *Friedrich Nietzsche* am 28. 10. 1908 in der Wiener „Mittwochsgesellschaft")

W e l t e n

Ich bin nicht deine Welt und du nicht meine.
Aber ich bin nicht nur meine Welt.
Ich komme in ihr auch vor.
Als ein kleiner Teil neben anderen.
Z.B. neben dir.
Du bist auch nicht nur deine Welt.
Du kommst in deiner Welt vor.
Als ein kleiner Bestandteil unter anderem.
Ich bin meine ganze Welt.
Und zugleich doch auch nur ein kleiner Teil in ihr.
Und auch du bist Teil deiner Welt
und gleichzeitig deine ganze Welt.
Ich komme in meiner Welt anders vor als du.
Auch du kommst anders als ich in deiner Welt vor.
Und nicht vor allem deshalb,
weil ich nicht du bin und du nicht ich bist.
Wie dann ? Was bist du in meiner Welt ?
Ein kleiner Teil unter anderem.
Und zugleich doch deine ganze Welt.
Und ich ? Meine ganze Welt in deiner ganzen Welt?
Ich komme in deiner Welt vor wie in meiner.
Als kleiner Teil unter anderen Teilen.
Zugleich als die ganze Welt, die ich für mich bin.

Und in der du nur ein kleiner Teil bist.
Neben mir z.B.
Aber als die ganze Welt, die du für dich selbst bist.
In der ich als jener Bestandteil vorkomme,
die eine ganze Welt ist,
in der deine ganze Welt jener kleine Teil ist, der ...
Dir wird schwindlig? Habe ich geschwindelt?
Deine Welt faßt meine Welt in sich.
Wie beruhigend für dich.
Und wird durch sie gesprengt.
Wie erschreckend für dich.
Du hast da etwas in dir.
Mich. Dich. Vieles mehr noch.
Mit mir hast du etwas in dir,
was dich zugleich in sich hat.
Du kannst mich verschlingen.
Aber nur als einen, der dich gerade verschlingt.
Dich, wie du dabei bist, mich zu verschlingen
bei meinem Dichverschlingen.
Also beim Verschlingen
meines von dir Verschlungenwerdens.

Ich bin jener Teil von dir,
dessen Bestandteil du bist.
Du bist jener Teil von mir,
dessen Bestandteil ich bin.

Ich bin nicht du. Du bist nicht ich.
Also, logisch gelogen :
Ich bin nicht ich. Also bin ich vielleicht du.
Du bist anders als ich. Ich bin anders als du.
Also bist du anders als du selbst.
Was bist du also? Ich etwa?

Du bist deine Welt,
in der ich jener besondere kleine Teil bin,
der deine ganze Welt
zu jenem kleinen Teil von sich macht, das ...
Das ist das Rätsel der Lösung.
Antworten wir immer weiter
uns an die Frage heran.

REZENSION

Universität zu Köln
Philosophisches Seminar

Rolf F. Schuett: „Die Liebhaber der Sophie"
Europäische Philosophiegeschichte
einmal ganz anders (Würzburg 1989)

"Rettet die Philosophie vor den Philosophen!"
lautet Schuetts Parole in diesem kleinen, erfrischend
frechen und ernsthaft anstößigen Buch. Denn: die
Philosophen sind verklemmte Liebhaber; aber die
Philosophie ist nicht Sophie. Jedoch, wer oder was
ist sie denn sonst? Während Schuett nimmer müde
wird, mit spitzen Bemerkungen, umwerfenden
Wortspielen, blitzenden Aphorismen und komischen
Steckbriefen den ahnungslosen Liebhabern der
Weisheit nachzusetzen und sie ausdrücklich auf die
Couch des Klatsches zu zerren, gesteht er uns über
sein eigenes libidinöses. Rettungsmotiv nur wenig.
Von der Philosophie, die nicht Sophie ist, erfahren
wir lediglich, daß sie ihre Gegenstände mit der Religion gemeinsam habe und also wohl eher Jahwe
(oder Sophon) heißen könnte. Eben davon, dem
jahwistisch-religiösen Sinn der Philosophie, wollten,
so sagt Schuett, die einschlägigen Denker nichts
mehr wissen, indem sie einerseits dem naturwissenschaftlichen Wissenschaftsideal nachäfften, ander-

seits die platonisch-homophilen Initiationsrituale des 'Zeugens im Schönen' verfolgten. Sie hätten damit den ... (biblischen) Geist der Emanzipation 'weg von der Mutter' verraten und liebten nun fruchtlos die unerreichbare, weil doch nur für den Vater bestimmte Mutter-Wahrheit ... An ihnen und vielen anderen ist deshalb, so bemerkt Schuett, einzig das denkwürdig, was sie nicht denken, was sie verschweigen. Diese Liebhaber-Philosophen scheinen von der Angst bestimmt, psychoanalytisch an ihr eigenes Unbewußtes erinnert zu werden. Schuett holt das nach – von der Antike bis zu Habermas und den Poststrukturalen gemäß der Devise Freuds, die Metaphysik in Metapsychologie zu verwandeln.

Am 12.12.1897 schrieb Freud an Freund Fließ: "Kannst Du Dir denken, was 'endopsychische Mythen' sind? Die neueste Ausgeburt meiner Denkarbeit. Die unklare innere Wahrnehmung des eigenen psychischen Apparates regt zu Denkillusionen an, die natürlich nach außen projiziert werden. (...) Meschugge?" Freud nahm, anders als Schuett, die Religion und schließlich auch seine Denkarbeit nicht aus von seiner Psycho-Mythologie und hielt die Philosophie (also wohl nicht die Psychoanalyse) immerhin für die anständigste Form der Sublimierung verdrängter Sexualität. Wenn bei Schuett das Philosophieren als recht unanständiges Unternehmen erscheint, dann erweist sich dagegen die (monotheistische) Vaterreligion als umso anständiger, ja, sie gibt den Philosophen, zumindest den männlichen, eine Möglichkeit, anständige Philosophen zu werden : sie sollten drüber nachdenken, wie sie Macht über ihre Sehnsucht „zurück zur Mutter" bekommen und erwachsen, d.h. Väter, werden können. So kommt am besten unter all den kritisierten Liebhabern eine offenbar ungeliebte, zumindest wenig gefragte Philosophin weg : Hedwig Conrad-Martius, bei der Schuett auch die Richtung seiner Rettung der Philosophie vor den Philosophen angegeben fand : 'nach oben zu den Vätern!'

Prof. Dr. Günter Schulte

+ + +

Schuett, Rolf : „Die Liebhaber der Sophie : Europäische Philosophiegeschichte einmal ganz anders." Würzburg 1989, 160 Seiten : zahlr. Abb.

Ref. : E. Joos
Referateblatt Philosophie 26 (1990) 2

In vorliegender Schrift unternimmt der Autor den Versuch einer breit angelegten Ausdeutung europäischer Philosophiegeschichte. Den Ausgangspunkt setzt er dabei unter der Überschrift: "Wozu Philosophie?" (S. 11) mit der These, daß die Lebenswirklichkeit der Philosophen allemal aussagefähig bezüglich des Wirklichkeitsgehaltes ihrer Philosophie sei, das Verhältnis von .Philosophie und Wirklichkeit generell charakterisiere, "Das Leben der Philosophen ersetzt vollauf das Lesen der Philosophen, die eine Einheit von Leben und Denken ohnehin propagieren ... Mit dem Philosophen haben Sie seine Philosophie, oder die Kluft zwischen beidem ist die beste Kritik seiner Philosophie und seines Lebens" (S. 14/15) Philosophie erscheint ihm − angesichts des "heute, wie immer blühenden Irrationalismus" − als Ausdruck und Kompensationsversuch der Neurose des Philosophen, Philosophiegeschichte als "einziger gigantischer Ideensteinbruch und geistiger SB-Discount, Kostümfundus und Waffenarsenal für den täglichen ideologischen Selbsterhaltungsbetrieb" (S. 17). Die nihilistische Konsequenz aus diesem Gedankengang und tragendes Motiv der folgenden Ausführungen ("Tief denken − hoch stapeln"):

Die vollendete Nutzlosigkeit von Philosophie generell wäre seit jeher als ihr einzig wahrer Nutzen anzusehen. Sie sei nicht mehr als der ödipal-kompensatorische Versuch des Mannwerdens des Jünglings, der auf halbem Wege stecken bleibt, lediglich in ein theoretisch-metaphysisches Verhältnis zur Materie tritt, keineswegs aber in ein wirkliches wie vorgegeben. "Philosophen leben nicht ihre geheimen Wünsche aus, und sie drücken sie so wenig aus, wie sie sie unterdrücken : sie geben sie für etwas ganz anderes aus." (S. 21) (Die Tatsache, daß die Philosophiegeschichte kaum Namen von Frauen aufweist, interpretiert Schuett als Bestätigung dieser These.) Analog zu o. g. ontogenetischem Interpretationsmuster begreift der Autor Philosophiegeschichte: Sie sei seit Thales nie über sich selbst hinausgekommen, zum Mannsein vorgedrungen, ebenso wenig wie ihre Repräsentanten, Ein solcher Zustand tatsächlichen Erwachsenenseins wäre jedoch bereits im ... biblischen Patriarchat vorgezeichnet, welches denn auch keine Philosophie (mehr) benötige. Von daher bestehe die Krise der Philosophie darin, sich in ihrer wesenhaft pubertären Existenz immer stärker in Widerspruch zum zivilisatorisch vergreisenden Europa zu setzen. "Die europäischen Philosophen von Athen bis Berlin waren immer eher homophil(osophisch)e Männer als wirkliche Patriarchen." (S. 29) Als pervertiertes Resultat dieser Entwicklung erscheint die (totalitär) naturwissenschaftlich-technokratische Vergewaltigung der (Mutter) Natur, "um nicht erdrückt zu werden von ihrer Übermacht übers vaterlose Menschenkind. Adorno hat das Geheimnis unseres totalitären Zeitalters gekannt : 'Totalität und Homosexualität gehören zusammen.'" Und : „Das Ganze ist das Unwahre." (Ebenda)

Diese Thesen sucht der Autor nun im einzelnen zu exemplifizieren. "Die Liebhaber der Sophie, ganz familiär, und woher kam das Geld?" Dazu bemüht er unter Verzicht auf Quellenangaben (wie in der gesamten Schrift) auf ca. einhundert Seiten fünfundfünfzig Philosophen von Thales bis Sartre, ist bemüht nachzuweisen, wie stark die jeweiligen philosophischen Ansätze durch persönliche Lebensumstände und deren psychische Reflexe geprägt erscheinen, daß Philosophie bar nahezu jeder lebenswirklichen Erkenntnis sei, sie vielmehr das Verhältnis des Menschen zur Natur und zu sich selbst totalisiere und damit pervertiere. Die "ruhige Differenziertheit" von Mensch und Natur (Kind-Mutter-Verhältnis) des griechischen Materialismus werde im Sokratischen "Erkenne dich selbst" bereits in eine dissonante, auf Totalität zielende Dialektik aufgelöst − ganz im Gegensatz zur Forderung Moses: "'Erkenne Dich selbst im anderen (Geschlecht) und den anderen in Dir selbst." (S. 31) Der Verlust des Paradieses dokumentiere sich spätestens in der platonischen "Idee" (Vater), welcher gleich zu werden der Philosophie als der einzige Garant der Wiedervereinigung mit der Natur (Mutter/Weib) erscheint. Der so in Gang gesetzte ödipale Erkenntnisweg dauere bis in die Neuzeit fort.

"So beginnt der esoterisch-erotische Aufstieg vom Physischen zum Metaphysischen, von einem schönen Leib zu zweien und von zweien zu allen, von den schönen Leibern zu den schönen Lebenshaltungen, von den Lebenshaltungen zu den schönen Erkenntnissen, von den Erkenntnissen schließlich zu jener Erkenntnis, die sich auf nichts anderes bezieht als auf jenes Schöne selber" (S. 40). Hegels "metaphysische Gattungsbegriffe reflektieren physische Begattung, die Allgemeingültigkeit von Begriffen spiegelt nur die soziale Allgemeinheit der Familie. Die dialektische Ur-Trias von Thesis, Antithesis und Synthese war für Hegel: Vater, Mutter und Kind. So ist die ‚Zukunft bei ihm gleichzeitig das Immergleiche und ein neuer Erdenbürger'."

Vom Schwanzbiß des Denkens

… Unser Dialog drehte sich um das proletarische – lohnabhängige – Dasein als materielle und gesellschaftliche Grundbedingung einer bewußten Intellektualität.

Die materielle Bescheidenheit verbunden mit dem höchsten Anspruch des Denkens fordert die bürgerliche Ideologie und ihr Establishment heraus.

Schuett kommt das besondere Verdienst zu, eine allgemein-reflektive intellektuelle Erfahrung individuell begabt und prädestiniert empirisch ergründet und beschrieben zu haben.

In einem sehr eigenen Teufelskreis findet sich das Denken ständig als Spiegelbild seiner selbst wieder oder wider; die Reflexion wird konkret und sichtbar …

Bisweilen möchte man sich ein wenig mehr Zuversicht und dialektische Wendung wünschen, das Wunder ist nicht nur als Elend – auch Denk-Elend – in der Welt. Überall dazwischen – verschmähtes Unkraut zwischen den Steinen - das nicht endende Leben …

Wie wird die Philosophie damit fertig?

Im nachhinein ist das – fürstlich, staatlich, gesellschaftlich geförderte und gepriesene – Philosophieren wie ein Netz von Schleichwegen schlauer Katzen um den heißen Brei.

Rolf F. Schuett hat immer eigenständig gedacht, geschrieben, sein Schicksal angenommen, das etablierte und gefeierte Kulturleben weiß mit Leuten wie Schuett ohnehin nichts anzufangen, obwohl es auf lange Sicht vielleicht kurzlebiger ist als Schuetts Versuche, die Menschen, die Gesellschaft, die Welt und ihre politischen Unternehmungen zu verstehen.

„Marx fuhr gegen das subjektive Belieben die materiellen Interessen auf, Bloch den universalen Weltstoff und Adorno den Vorrang der objektiven Nichtidentität ...

Je subjektiver, desto objektiver, fand Adorno, der Objektivität nur in reflektierter Subjektivität sah."

Karl Marx ist heute vergessen, Adorno wird dann und wann noch erwähnt, aber nicht mehr im - gegenwärtigen - gesellschaftlichen Konnex gesehen.

Die gesellschaftlichen Fragen allerdings, auf welche Karl Marx Antworten suchte und fand, bestehen fort.

Wir − mit unseren Sorgen und Schwernissen − sind von den Ereignissen, vor allem von den naturwissenschaftlichen, technologischen und daraus folgend sozio-ökonomischen Entwicklungen verlockt und überfahren worden.

Vieles scheinen wir nur erst halb verstanden zu haben.

Horst L., Felix P.

„Ich bin der festen Überzeugung, daß die Veranlagung eines jeden Menschen als Gesetz zu gelten hat, als ein eisernes Gesetz, das befolgt werden muß, auch wenn es anderen mißfällt. Für mich ist offenkundig, daß Veranlagung ein Gottesgesetz ist und Vorrang vor allen menschlichen Gesetzen hat. Ich bin überzeugt, daß jedes vom Menschen geschaffene Gesetz einen ganz bestimmten Zweck verfolgt, den nämlich, sich gegen Gottes Gesetz zu stellen, es zu besiegen und zu entwürdigen, zu verhöhnen und mit Füßen zu treten … " (*Mark Twain* : „Autobiographie", 1959)

Weiterführendes vom Autor

„Martin Heidegger –
Versuch einer Psychoanalyse seines *Seyns"*, 1993

„Die Irren sind auch nicht mehr die einzig Normalen"
(Erzählungen), 1997

„Auch der Eskimo klebt an seiner Eisscholle"
(Geschichten und Virtuosenstücke), 1998

„Am schnellsten vermehrt sich die Unfruchtbarkeit –
Essays zur Multi-Kulturlosigkeit"
(Rückblick auf das 21. Jahrhundert), 1998

„Dein Leben hat Sinn – für deine Ausbeuter",
Ein aphoristisches Gesellschaftssystem, 2016

„Objektivität durch Subjektivität oder umgekehrt? –
*Phänomenologischer Entwurf
einer dekonstruierten Erkenntnistheorie"*, 1999

„Nur in der Fremde fühle ich Fernweh"
(Idyllischer Roman), 2000

„Künste und Wissenschaften als verlorene Paradiese –
Essays zur Bedeutung der Kultur-Idyllen", 2000

„Der Mensch ist, was er verg-isst /
Kosmostheorie oder Gemeinschaftspraxis", 2007

„Philosophische Formelsammlung :
*Ambivalente Gedankenexperimente und nachsokratische
Fragmente",* Verlag Königshausen & Neumann, 2012

„Gedankenlesen : Hirnforschung ohne Computertomo-
graphen – *Philosophie zwischen Wissenschaft, Kunst und
Religion",* DWV Deutscher Wissenschafts-Verlag, 2013

„Die Liebhaber der Sophie –
Philosophiegeschichte in Philosophengeschichten", 2013

„Aphorismen zur Zeitaltersweisheit –
Kopfverdreher, Kopfzerbrecher ", 2014

„Ist *Philosophical Correctness* eine Kommunikations-
wissenschaft? *Versuch über moderne Versuchungen*",
2015

„Die längste Leine trägt die Freiheit –
Faule Zaubersprüche", 2015

„Quanten, Quarks und Strings im Kopf –
Eintausend neue Aphorismen", 2015

„Die meisten Aufrechten sind unter Gefallenen /
Dumme Sprüche, alte Spiele", 2015

„An sein Innerstes erinnert sich keiner –
Nicht ganz dichte Gedichte", 2015

„Mann und Frau befreien sich – voneinander /
Geschlechterkrieg oder Klassenkampf?", 2015

„Zur Dialektik und Phänomenologie
der Natur- und Kultur-Idyllen", 2015

„Wer gut abschneidet, kastriert –
Zurück zur frühromantischen Magie?", 2015

„Fertig machen dich deine Fertigkeiten –
Aphoristische Idyllen", 2017

„Esprit und Geisteswissenschaften – *Wechselwirkungen
zwischen Kunst, Philosophie und Psychologie*", 2016

„Fürchte den, der dich fürchtet – Hundert Jahre
DADA", *Zwergrätsel zu Spottpreisungen*, 2016

„Mit einem Satz ins Freie – *Reflexionen, Urteile und Sentenzen*", 2. überarbeitete Auflage, 2016

„Kurz und klein – klein, aber fein", *Aphorismen,* 2016

„Gewinner heißen Spielverderber", *Aphorismen*", 2016

„Sei zu klein, um zu herrschen, und zu groß, um beherrscht zu werden – *Dogmatische Aphorismen*", 2016

„Schlafmützen nennen uns Träumer – *Lumpenproletarische Sprüche*", 2017

„Zwergrätsel, Satiren und Zwickmühlen – Auswahl von Aphorismen", 2017

„Verteidigung des Elfenbeinturms – *Große Sprüche, wieder nur Widerspruch*", 2017

„Oft verzeiht man, um straflos auszugehen – *Kurze Digressionen*", 2018

„Wenn die Seele auf den Geist geht – *Chronik der unbewussten Weltbilder*", 2018